# 落語DE古事記

桂　竹千代

幻冬舎文庫

# 落語DE古事記

# はじめに

ボク、桂竹千代《かつらたけちよ》は大学・大学院（修士）で日本古代史・古代文学を専攻していました。

そして落語家になりました。

歴史はロマンに溢《あふ》れてます。

歴史というものは遡《さかのぼ》るほどに謎が多いもの。

特に古代は、史料がないから何とでも言えちゃう……ってところがあります。

ヤマトタケルが白鳥になったとか、聖徳太子が10人の訴えを一度に聞き分けたとか、3本足のカラスがいたとか、今だったらあり得ないことが書かれていても、「昔のことだからホントにあったかもしれないなー」と0・000001％の可能性を、思わず信じてしまうのです。

いや、そもそも現代に生きる我々にとってはでたらめに思えることでも、古代人にとってはそれが現実として受け入れられていたのかもしれません。

さて、**日本最古の歴史書と言われるのが『古事記』です。**

『古事記』という名前は聞いたことがあっても、具体的にどんなものかと聞かれたら説明できない方も多いことでしょう。

ここには人間以前の歴史、つまり**神々の歴史も記されている**のが大きな特徴です。

ということで、少しご説明します。

『古事記』は、上・中・下巻の3巻セット。

このうち上巻が神々のお話で、他2巻は天皇中心のお話です。

中巻は、初代の神武《じんむ》天皇（3本足のカラス「ヤタガラス」がここで登場。日本サッカー協会のあのマーク）から、15代目の応神《おうじん》天皇（全国にある八幡宮《はちまんぐう》にまつられている八幡神《やはたのかみ》）まで。

下巻が、16代目の仁徳《にんとく》天皇（日本一大きな古墳で、面積的には世界一大きなお墓。祝！　世界遺産）から、33代目の推古《すいこ》天皇（日本初の女帝）まで。

つまり中〜下巻は人間のお話となります。

こんな風に3巻セットになってるわけですが、一般的な『古事記』のイメージって、この上巻部分のことだと思います。そして、ここここそ『古事記』のハイライト、一番面白いところと言ってもよいでしょう（出オチとか言わないで！）。

神々によって天地が作られ、日本列島が作られ、自然が作られ……。

**とんでもなく壮大な話**です。

で、あの世に行ったり、怪物と闘ったり、自分が生んだ息子殺しちゃったり、ウサギがしゃべったり、ウン○撒《ま》き散らしたり、海の中で普通に生活できたり……。

「イヤ何言ってんだよ！」

「んなわけねーだろ！」

ってツッコミどころが盛り沢山です。

これが国の歴史書なの？

ホントにこれでいいの？

って思っちゃう人もたくさんいるでしょう。

とは言っても、実は世界を見ても、神話ってのは奇天烈《きてれつ》なものが多いんですよ。

たとえば、ギリシャ神話の最高神・ゼウスは絶倫《ぜつりん》すぎてガチョウにまで手を出すんですが、その時わざわざ白鳥に化けて口説きます（谷啓《たにけい》もビックリだ！　ガチョ～

ン)。

絶世の美女と言われるアフロディーテ（ビーナスともいう）は、天の神様の息子が天の神様（つまりお父さん）のチン○を切って海に投げたら生まれます（いや～ん！）。

神話というのは、現代人からしてみれば、はちゃめちゃなことばかり起こります。科学の発達した世の中で、こんなことを真に受けていたら、変人扱いされてしまうでしょう。

「じゃあ、こんなでたらめの歴史は読まなくていいや！」……って思ったそこのあなた！　ノンノンノンノン!!

こんな神話ですが、ボク達の生活の中に今でもしっかりと生きています。

実際、**日本にはたくさんの神社がありますね。そこにまつられているのは、ほとんどが『古事記』に登場する神々です。**そんなはちゃめちゃな神々を、あなたもパンパンと手を叩《たた》いて拝んでいますよね。

こんなに文明が進んだ世の中でも、最後はみんな「神頼み」しているんです。

我々の心の中に、いつだって神はいるのです（何か怪しいセミナーみたいになってきた)。

**日本には八百万《やおよろず》の神様がいる**と言われています。多神教ですね。キリスト教やイスラム教は一神教で、神様はひとりだけ(「一人」って数えていいかどうかはさておき)。『広辞苑』によれば、**八百万というのは、無数を意味する**表現のようです。日本神話にはよく「八」という数字が出てくるんですけど、これは実数としての「8つ」ではなくて、数が多いということも意味します。それでいうと、八百万というのは、すげーいっぱいいってことになります。

どこにでも神が宿ります。

山にも海にも木にも石にも神様はいるし、トイレの神様だっている(©植村花菜)。日本ではこうして、ありとあらゆる神様を認めてきたので、過去に外国から仏教が来てもキリスト教が来ても、最終的には受け入れられてきたのでしょう。

結婚したら教会で式あげて。

お葬式ではお経読んで。

初詣は神社で。

……こんな節操がない国は他にないです。これは根底に、八百万の神の思想があるからだったんですね。

そんな身近な神様なのに、**みなさんは神様のことを何も知らずに拝んでませんか？**

神様だって、いきなり自分のことを知らない人がパンパン手を叩いて「学業成就《じょうじゅ》」なんて願われたら、ビックリしますよ。

そこにまつられてるのが大国主命（オオクニヌシノミコト）さんなら、「おれ、縁結び専門なんだけどー」って言いたいはずです。「風邪っぽいので診てもらえませんか？」って整形外科に行ってるようなものです。

実際、誰かに頼みごとをしに行くときに、相手のことを全く知らずに行ったりはしませんよね？　きっと相手のことを調べてから行くはずです。それが礼儀ってものです。

同じように、神社にお願いごとをしに行くのなら、神様のことも知っておくべきだと思います。21世紀の今も、古代の神々は生きているのですから。

「じゃあ神々の歴史を勉強しよう！」と言って早速『古事記』を読もうとしたあなた、かなりの確率で早々に挫折します。神様の名前がひっきりなしに出まくるので（まさに八百万！）、ややこしいのは間違いありません。読み始めでやんなっちゃうでしょう。大学院で古代文学を専門として学んだボクですら、すべての神様の名前は覚えていませんから。

でもご安心ください。主役となる神様はほんの一部です。他はエキストラです（神様ごめんなさい）。

というのも、一度しか登場しない神様がとっても多いんです（混乱しないように、本書では、そういう神様は省いていきます）。

だから、主役となる神様だけを捉えられれば、神々の時代が見えてきます。

日本人としてこんなオモシロイものを知らないともったいないと思ったので、こうして筆を執《と》りました。

『古事記』を全部解説したら長いです。ただただ神々の名前が羅列されていて、退屈な部分もあります（寿限無《じゅげむ》みたい！）。

なので、『古事記』をすべて読んだボクが、**上巻（神々の巻だよ）のオモシロトピ**

**ックだけを引っこ抜いて、時にはツッコミながらお話しします。**ツッコまないと到底理解できない〝神様の物語〟がそこにあります。

エロもあります。そこは省きません。

落語家という特性を生かして、わかりやすく、楽しんでもらえるように書きました（中には想像の会話もあるし、脱線も多いけど許してね！）。

では早速『古事記』の成立からお話ししましょう。

目次

本文デザイン　望月昭秀＋境田真奈美（ＮＩＬＳＯＮ）
イラスト　半崎リノ

# 第一話　覚えられるか！

日本最古の歴史書、『古事記』には「序文《じょぶん》」が頭に付いていて、ここに成立の経緯が記されています。

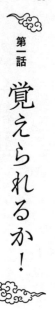

それによれば、**『古事記』の成立は、西暦７１２年。**８世紀のことです。８世紀という時代は、中国では唐《とう》という大国家が最盛期を迎え、世界三大美女と言われる楊貴《ようき》妃《ひ》（会ってみたい！）が皇帝をたぶらかしていた頃です。

日本では、「乙巳《いっし》の変《へん》」というのがありましたが、それが６４５年です。これは、中大兄皇子《なかのおおえのおうじ》と中臣鎌足《なかとみのかまたり》が、天皇家を乗っ取ろうとする蘇我入鹿《そがのいるか》を倒したクーデターです。「大化《たいか》の改新《かいしん》」と覚えている方も多いかもしれませんが、正確には「大化の改新」はこの事件から始まった一連の政治改革を指します。その後、大和《やまと》朝廷は７０１年に大宝律令《たいほうりつりょう》（律は刑法、令は行政法・民法）を出して中央集権化（一つの組織で支配するってこと）を目指し、７１０年には都を奈良の平城京《へいじょうきょう》に移した……そんな時代です。

時の帝《みかど》は、元明《げんめい》天皇（第43代）という女帝でした。

天武《てんむ》天皇（第40代）の部下であった稗田阿礼《ひえだのあれ》という人が記憶していた日本古来の伝説・伝承を、天武天皇没後に元明天皇の命令で太安万侶《おおのやすまろ》という人が文字に起こしたのが、『古事記』の始まりです。つまり**原作：稗田阿礼、筆：太安万侶**ってこと。

これ、すごくないですか？　冷静に考えてみてください。**国の歴史書がたったひとりの部下の記憶力に頼って書かれたん**ですよ。

この稗田阿礼って人、実は何者かよくわかっていません。『古事記』の編纂《へんさん》に携わったということしか記録がない。とても賢い人だったとしかわかっていない。何なら、男か女かもわかっていない。

一説には、中臣鎌足の子どもである藤原不比等《ふじわらのふひと》と同一人物とも言われますが、はっきりとはわかっていません。藤原不比等といえば、後に何百年も続く藤原氏の繁栄の礎《いしずえ》を築いた人です。

そんなよくわからん人が原作者なのに、１３００年以上のロングセラーとなってるんです（印税ヤバいよね！）。

とにかく稗田さん（中学校の時、稗田先生っていたなあ）の暗記力はすごかったんでしょうね。

ちなみにボク達芸人は、お客様の顔をちゃんと覚えています。わざわざお金を払って足を運んでくださるお客様は神様ですから（八百万もいませんけど）、おまつりしてお賽銭《さいせん》あげて参拝したいくらいです。

……いや正直言うと、一度来ただけのお客様は覚えられない……。覚えて欲しかったらもっと来……いや一度でも来て頂けるだけでとってもありがたいデス。

ただ！　数年に一度しか来ないお客様に限って……ヤボなこと聞いてくるんですよね。

**客**「おうタケチヨー！　おれ、前にオマエの落語見たんだけど、おれのこと覚えてるー？」

「覚えてねーよ！」とは言えないので、

**竹千代**「もっ……もちろん覚えてますよ！」
**客**「どこで会ったか覚えてる⁉」
こーゆー人に限って掘り下げて聞いてくるよね。
**竹千代**「何かしらの落語会ですよね？」
ぼんやりアバウトに言うと、
**客**「どこの落語会かわかるー？」
こんな具合に、さらに掘ってくる（ちなみにこのお客さんの職業は土木関係で、なるほど掘るのがお上手……ってやかましわ！）。

**竹千代**「都内ですよね？」
**客**「違うよー。静岡だよ。覚えてないじゃん！　舞台から客席見てお客さんの顔ひとりひとり覚えないとダメだよー！」

聞いてみると5年前、ボクがまだ修業中の身で、歌丸師匠のかばん持ちとして、静岡のホールで師匠の前座をやらせて頂いた時でした。歌丸師匠のお客さんなんで、その方は大ホールに2000人いる中の1人。
わかるか!!

**客**「おれ、あん時風邪ひいててさ、マスクして帽子被ってたんだよー」

顔出てねーじゃねーか!!
……と言いたいところではありますが、もし稗田

阿礼なら、すべてのお客様の顔を覚えることもできたのでしょう。

「芝浜《しばはま》」とか「文七元結《ぶんしちもっとい》」とか「百年目」なんて、すぐ覚えられるのでしょう（これ3つとも1時間くらいある落語の演目だよ）。

そんなうらやますぃ〜記憶力をもった稗田阿礼が語る神々の物語、はじまりはじまり〜。

# 第二話 島生んじゃったよ！

「天地《あめつち》の初発《はじめ》の時、高天原《たかまがはら》に成《な》りませる神の名は、天之御中主神（アメノミナカヌシノカミ）、次に高御産巣日神（タカミムスビノカミ。以下、タカミムスビ）、次に神産巣日神（カミムスビノカミ。以下、カミムスビ）」

これが『古事記』の冒頭です。

……すでについていけない……という方はいませんか？

これは「天地が現れた時に、高天原というところに○○と△△と××の神が誕生した」ということです。

ボクも初めて読んだ時ビックリしました。天地が現れた途端に、いきなり神がいるんですから。しかも長い名前の。

突然すぎて面食らいますよね。ゴング直後にストレートもらったみたいですよね（我ながらいいたとえだよね）。

いかにも乱暴な出だしですが、ここはひとつ、大人になって飲み込んでください。

この3柱《はしら》の神が、まずは存在したのです。

はい！　早速、神様用語が出ました！　**神様は1人、2人ではなく1柱、2柱と数えます。**

この3柱の神が、高天原にいました。

**高天原というのは神々の住んでいるところ**で、天地の「天」の部分です。カミは「神」であり「上」なので、やっぱりお空の上のイメージですよね（ドリフの雷様のイメージ）。

この3柱の神を**「造化三神《ぞうかさんしん》」**なんて言います。

ちなみにこの造化三神には男女の性別がありません。アメーバのように分裂したのかどうかはわかりませんが、また、2柱の神が生まれます（これも突然）。

以上の5柱の神を、合わせてゴレンジャー！　ではなく**「別天神《ことあまつかみ》」**と言います（ゴッドファイブの方がカッコいいけどね）。

そしてこの5柱の神、特に何をするというわけでもなく消えます。

……はい、消えます。

「一番初めに生まれたから一番偉い神じゃないの⁉」

……はい、当然の疑問だとは思いますが……消えます。

「一番初めに生まれたから一番活躍するんじゃないの⁉」

……これ以上聞かれると、ボクが消えます。

『古事記』にそう書いてあるんです。現れたと思ったらすぐ消えてしまうんです。そして、その先を読み進んでいっても、ほぼ出てきません。

しかし、この神々がまつられている神社ももちろんあります。

福島県の相馬市《そうまし》にある相馬中村神社や、埼玉県秩父市《ちちぶし》にある秩父神社がそれです。

この神様たちは、超自然的というか、無限の宇宙を表すイメージなので、**心願成就や延命長寿にご利益がある**とされています。


さて、この時、大地は未だクラゲのように漂っていて区別がありません。

そしてまた、2柱の無性別の神が生まれます。この神々も後に出てこないので省略します（なぜかゴレンジャーに漏れたベンチ組）。

そして、いよいよ男女の神々が誕生します。

5組のカップルが順番に生まれます。この最後にできたカップルが有名な、

**伊邪那岐命**（イザナギノミコト。男。以下、**イザナギ**）

と

**伊邪那美命**（イザナミノミコト。女。以下、**イザナミ**）

日本版アダムとイブです。この2柱の神は、覚えてください。日本神話の大看板です。

ちなみに、この場面で生まれた5組（カップルは2柱で「1代」と捉えるよ）と、その前に生まれた無性別の2柱の神々を合わせて**「神世七代《かみよななよ》」**と言います。

このイザナギとイザナミは**天浮橋《あめのうきはし》**に立ちます。天上世界にかかっている橋で、ここから地上を見下ろせるんですね。

この橋の上から、大きな矛《ほこ》をブスッと海に突き刺し、「こおろこおろ（ホントにそう書いてあるよ）」とかき回し（水割り作るように。ソーダ割りはあんまり混ぜない方がいいらしいね）、サッと矛を引き上げます。すると、矛の先から海水が滴《したた》り落ち、塩が固まって島となりました。

これを**淤能碁呂《おのごろ》島**と言います。

ちなみにヨネスケ師匠の本名は小野五六《おのごろう》。

そんなわけで、おのごろ島はしゃもじの形をした島です(ごめんなさい、ウソです。「突撃！隣の晩ごはん」が浮かんだだけです)。

イザナギ&イザナミはこの島へ降り立ち、晩御飯を食べ……(晩御飯食べたというのは想像ですよ)、日本列島を作っていくのですが、これを**「国生み」**と言います。

さて、このコンビがどのようにして日本列島を生むのか⁉

ここからみなさん、一番お待ちかねのエロとなりますが……ちょうどボクの持ち時間がいっぱいです……これから話の佳境に入るって時に終わっちゃう寄席の講釈師か！(丁寧なツッコミ)

ということで続けます。

**イザナミ**「ねえ。アタシのカラダ、1ヶ所足りないとこあるんだけど？」

**イザナギ**「ボクのカラダは1ヶ所余ってるところがあるね」

大人のみなさん。何となくイミわかりますよね？

**イザナギ**「よし、これ合わせてみようか」

**イザナミ**「いいわね」

**イザナギ**「じゃあこの天之御柱《あめのみはしら》（太くて大きい柱と思ってください）をお互い、逆に回って出会ったところで合わせよう」

……どんな演出？

イザナギは左から、イザナミは右からくるりと回ります。

**イザナミ**「あなた、何てイケメンなの！」

**イザナギ**「キミこそ、何てべっぴん（死語）なのだろう！」

合体（Ⓒ釣りバカ日誌）。

こうしてハマちゃんとみっちゃんは……いやイザナギとイザナミは夫婦となり、愛し合います。

すると誕生したのが、**水蛭子（ヒルコ）**という子ども。この子が手足のない未熟児だったので、葦《あし》で作った船に乗せて海に流します（育児放棄。何て残酷なのでしょう）。

次に生まれた**淡島（アワシマ）**という子どもも同じだったので、流します（この世には神も仏もいないのか。いやアンタ神だろ）。

どうしてこんなことが続くのか、イザナギ&イザナミが高天原に戻って原因を探ると……

**おせっかいな神**「そらオメェ、男女は男から声かけるもんだっぺ！（竹千代の生まれた千葉県旭市《あさひし》の方言で失礼します）」

そこで、言われたとおり、イザナギからイザナミに声をかけることにしました。

では……アクション!!

**イザナギ**「キミは、何て美しいんだ（もう飽きてきたな）」
**イザナミ**「あなたこそ、何てイケメンなの（もうめんどくせ）」

合体！

……すると誕生したのが、淡路島《あわじ》!!

でかー!!

ってか、**子作りしてると思ったら島生まれちゃったよ！**
これが神なのです。我々の想像を超えてきます。

さあ長男の淡路島を筆頭に（ヒルコとアワシマを入れるとホントは三男。島の性別はわからないけどね）、イザナギ&イザナミはどんどん島を生んでいく！
長男（島の中で長男とします）：**淡路島**
次男：**四国**

三男：**隠岐《おき》諸島**
四男：**九州**
五男：**壱岐《いき》島**
六男：**対馬《つしま》**
七男：**佐渡島《さどがしま》**
八男：**本州**
俺たち8島合わせて、日本列島です‼……いや全然足りてない！
北海道や沖縄はまだないにしても、日本の島の数って、海岸線の長さが100メートル以上のもので約7000もあるらしいですからね。人が住んでいる島でも400もあるんだって。とにかく足りない！
でも、とりあえずここでできた8島を、合わせて**「大八島国《おおやしまのくに》」**と言います。

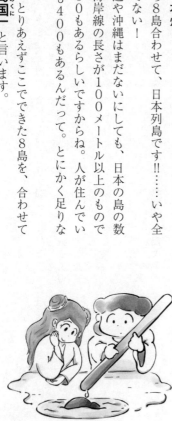

ちなみに淡路島が一番初めに誕生したことから、おのごろ島は現在の淡路島付近にある「絵島《えじま》（無人島。面積１１５３㎡）」か「沼島《ぬしま》（有人島。人口約５００人。面積２・７１㎢）」がモデルじゃないかと言われています（沼島はハモしゃぶがうまい！）。この沼島へは淡路島からフェリーで行くことができ、そこには天之御柱《あめのみはしら》のモデルと言われる上立神岩《かみたてがみいわ》という奇岩もあります。さらに、イザナギ＆イザナミが海に矛を突き刺してかき回すシーンは、淡路島と徳島の間にある、鳴門《なると》海峡の「渦潮《うずしお》」をイメージしてるのではないかとも言われます。――以上、豆知識でした。

話を戻して。またその後に、香川県の小豆島《しょうど》や長崎県の五島《ごとう》列島などの島々を生み、日本列島が出来上がります（まだ足りないけどね）。

さらにその次に、いろんな神を生んでいきます。水の神、風の神、木の神、山の神、トイレの紙（これは生んでないよ）……。

ざっと33柱の神々を生んで（ここが一番神の羅列多いとこね！　神様版・寿限無《じゅげむ》だ！）、最後に火の神「**迦具土神**（カグツチノカミ。以下、**カグツチ**）」を生みます。

カグちゃんは、火の神だから燃えています。

奥さんのイザナミは、何と自分が生んだ息子の炎で大火傷《おおやけど》してしまいます（よく生めたよね）。

苦しむイザナミが吐いたゲロ、糞《ふん》や尿からも、神々が誕生します（やっぱりトイレの紙必要だったね）。

たとえば、ゲロからは**金山彦神**（カナヤマビコノカミ。鉱山・金の神。ご利益はズバリ金運アップ）。

糞からは**埴安姫神**（ハニヤスビメノカミ。土の神。土木・造園関係の方、足元固めたい方にご利益）。

尿からは**水波能売神**（ミズハノメノカミ。水の神。雨を降らせたり、晴れさせたりできる）。こうして全部で6柱の神々が生まれます。

でもイザナミは死んでしまいます。奥さんを失った夫のイザナギは、それはそれは悲しみます。

**イザナギ**「うおおーーん!!　愛する妻よー!!」

そのイザナギの涙からも神が生まれます（なんか悲しい神だね）。
イザナギは、イザナミを比婆之山《ひばのやま》（広島県と島根県に同じ名前の山があるよ）に葬ります。
しかし悲しみが増すばかりのイザナギは、最愛の妻を焼き殺した我が息子であるカグツチを、剣でズバッ……!!

**カグツチ**「ギャー！　おれってば勝手に燃えてるだけなのに……アツい男なだけなのに！　松岡修造なだけなのに！……不可抗力なのにぃー!!」

このカグツチを斬った剣に付いた血からも神々が生まれます。死んだカグツチの体そのものからも神々が生まれます。このシーンだけでも16柱の神々が生まれます。まだ上巻始まって1割くらいだけど、**この時点で既に80くらいの神様の名が出てきてます**（まるで神様の確変フィーバー）。このシーンで生まれて後にも出てくる神様は、

**建御雷神**（タケミカヅチノカミ。以下、**タケミカヅチ**）くらいです。この神は、まだ結構先の話だけど主要な役者ですよ。

**イザナギ**「うおーーん！　妻に会いたーーい！」

そして、イザナギは、死んだイザナミを黄泉《よみ》の国へと迎えに行きます。

「あの世の世界」を描いた**「黄泉の国訪問譚《たん》」**の幕開き。

ちゃかちゃんちゃんちゃんちゃんちゃんちゃん♪（陽気なお囃子《はやし》は合わねーって）

# 第三話　こわっ！　イザナミハザード

さあ、イザナギは、妻を訪ねて三千里です。

ついに**黄泉《よみ》の国へ到着**（**出雲国《いずものくに》**。現在の島根県あたりにあったと言われてます）。

「イザナギは死んでないじゃん！　なんで行けるんだよ！」というヤジは受け付けません。**これが古事記クオリティ**です。

**イザナギ**「あのーこんばんは。ウチの妻って来てます？」
**警備員**「奥さんの名前は？」
**イザナギ**「イザナミっていいます」
**警備員**「イザナミさんね、あー昨日来たばっかりの新人さんね。今呼びます。イザナミさーん面会希望の方来てるよ」
**イザナミ**「はーい。……あっ、あなた！」

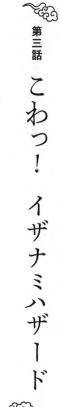

**イザナギ**「迎えに来たよ！　ミッちゃん！」
**イザナミ**「でもあなた……私はもうこの国の住人なの。こっちの方がご飯おいしいの」
**イザナギ**「そんな……ミッちゃん、寂しいから一緒に帰ろう。おうちに帰ろう。でんでんでんぐり返って！」
**イザナミ**「それじゃバイバイバイじゃない……私だって帰りたくないわけじゃないけど、ちょっと待って。偉い人に聞いてくるから。でもあなた、ここは絶対に開けないでよ」

ピシャッ！　洞窟の部屋に入って戸を閉めてしまいます。
でも「開けるな！」と言われると……開けたくなるよね～。

脱線。
むかしむかしあるところにおじいさんが住んでいました。おじいさんが薪《まき》を取りに行くと、罠にかかった1羽の鶴《つる》がいました。おじいさんは助けてあげます。その晩。

外は猛吹雪。トントンと戸を叩《たた》く音が聞こえる。おじいさんが戸を開けてみると、そこには肌の白い美しい女性の姿。

**女**「今晩ここに泊めて頂けませんか？」

**おじいさん**「お困りですか。どうぞ」

泊めてあげたものの、布団に入っても目がギンギンのおじいさん。

**おじいさん**「……もしかしてあれは、昼間助けた鶴か。鶴がワシに恩返しをしに来てくれたんじゃ！」

そう思い「絶対開けないでください」と言われた戸をガラッと開けて中を見てみたら……

中の家財道具がいっさいがっさいなくなっていた。

**おじいさん**「ああ、しまった！　あれはツルじゃなくて……サギだった！」

ちゃかちゃんちゃんちゃんちゃん♪

（脱線終わり。物語に一切の関係はございません）

ガラッ！　イザナギは戸を開けます。

中が暗いので、髪に挿していた櫛《くし》の歯を一本折って、それに火を灯すと……目の前に現れたのは蛆《うじ》のたかったイザナミの姿でした。

**イザナミ**「見いたぁ〜なぁ‼　お前たち！　やっておしまい‼」

子分のゾンビが追っかけてきます。

**イザナギ**「いやー！　来ないでー！」

　イザナギは、逃げながら自分の身に着けている黒御縵《くろみかずら》（蔓《つる》でできてる）という髪飾りを投げつけました。するとそれがブドウに変わり（種無しかな）、ゾンビが食らいついてきます。その間に逃げる（やっぱ種無しかな）。

　またまた、逃げながら髪に挿してあった櫛を投げつけると、今度はそれがタケノコに変わります（ボクの前座の時の名前は「竹のこ」でした）。これまたゾンビが食らいつき、その間にまた逃げる。

　なぜこんなことが起こるかというと、ここは「あの世」なので、現実と逆転して、髪飾りや櫛が原材料に戻るってわけなんです（偽装表示してたらわかっちゃうよね）。

**黄泉比良坂《よもつひらさか》**（あの世とこの世の境にあるという坂。島根県に伝承地があるよ。サカは坂であり境なんだね）までやってくると、桃の木を見つけます。イザナギは、すかさず桃の実を採ってゾンビに投げつける！

　するとゾンビは……ことごとく逃げる！

　古代中国の思想で、桃は邪気を祓《はら》うと言われているんです（だから鬼退治に行くのは「桃」太郎ですよね)。
そしてついにイザナミ自身が追いかけてきます。イザナミハザード! 大ボスのイザナミは、まだまだ元気ピチピチ(桃だけにね)。

**イザナミ**「待ぁ〜てぇ〜!!」

イザナギは洞窟から出ると同時に、**千引《ちびき》の岩**(千人の力でようやく動かせるでっけー岩)で、洞窟にフタ。

**イザナギ**「これでどや! もう追ってこれないだろ!」

**イザナミ**「ルパ〜ン!」

しかしイザナミはこれでも諦めません。よーし、こうなったら呪いをかけてやる!

**イザナミ**「オマエノクニノニンゲンヲイチニチセンニンコロシテヤル!(ゾンビっぽ

いしゃべり方）」

**イザナギ**「ナニー！　キミガソウイウツモリナラ（いや、こっちはゾンビじゃないだろ！）、ボクは1日に1500人生んでやるぞ！（いや、お前ひとりで生めんのかい！）」

　これがその後、**世界の人口が増えていく由来**となっております。

　また、**人間に寿命ができたのも、このイザナミの呪いによるもの**だと日本神話では説明されています。

　島根県の黄泉比良坂伝承地に行くと、「黄泉の国への手紙ポスト」があります。亡くなった人へ向けて手紙を書いてそこに投函するとお焚《た》き上げしてくれます。

　竹千代も亡くなった知人に書きました。返事はまだ来ません。

　ちょっとここで、ほんの少し専門的な話をさせてください。難しかったら読み飛ばして大丈夫です。

　神々の時代より少し後、3〜7世紀頃に、古墳時代という、全国各地に盛り土のデッカイお墓ができた時代があります。古墳には、前方後円墳《ぜんぽうこうえんふん》と呼ばれる有力豪族の墓もあれば（あの鍵穴の形したやつね）、円墳《えんぷん》というお椀形のもあります。この円墳は追葬が可能なんです。つまり、フタ（入口）を開ければ、後から複数体、遺体を追加で埋葬できるということ。このタイプのお墓を、「横穴式石室《よこあなしきせきしつ》」といって、遺体を置く場所を「玄室《げんしつ》」というんですが、この玄室が黄泉の国を表しているという説があるんです。このイザナギの話の場合、千引の岩がフタというわけです。

また、古代は**殯《もがり》という葬送儀礼**がありました。人が死んだ時に、すぐには埋葬せずに、蘇生を願ったり、鎮魂したりする儀式で、それを行う場所を殯宮《もがりのみや》と言います。これを黄泉の国とする見解もあります。……すみません。大学院で「古代人の死生観」が専門だったので調子に乗りました～。

さあ、黄泉の国より帰還したイザナギ。全身が穢《けが》れてます。

そこで禊《みそぎ》をすると、そこから誕生したのが……。

次回、いよいよ日本神話の主演の登場です。

# 第四話　泣くなー！

黄泉《よみ》の国から帰還したイザナギは、全身が穢《けが》れているので、禊《みそぎ》（お清めみたいなもの）をしなければなりません。

日本では古来、**死と接すると、自分のもつ「気」が枯れる**と考えられてきました。「気枯れ」が「ケガレ」という言葉になったと言われています。穢れた人はお祓《はら》いをしなくてはいけません。お祓いの中でも、滝に打たれることや、沐浴《もくよく》など、水を使うものを禊と言います。

この時イザナギは、日向《ひむか》というところにある川で、禊をしたそうです。宮崎県に日向《ひゅうが》という地名があるけど、イザナギが禊をしたところかどうかは不明。宮崎県は日本神話の舞台と言っていいほど、伝承地がこれからもたくさん出てきます。また、宮崎県宮崎市には「みそぎ池」という伝承地があります。この近くに、江田《えだ》神社というイザナギ＆イザナミをまつった神社もあります。

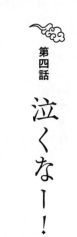

イザナギは身に着けていた衣服を脱ぎ、アクセサリーを外していきます。杖、帯、衣、袴《はかま》、冠《かんむり》、腕輪など……（いつの間にこんな装飾着けてたのかよ！　黄泉の国行くのに、よそ行きしていったのね）。

その外したアイテム（オシャレなアパレル店員の言い方）を投げると、そこから神が生まれていきます。

**陸と海の神。計12柱の神々が誕生します**（また入りました神様の確変フィーバー!!）。

さあ、生まれたままの姿になって、禊スタート！

黄泉の国の垢《あか》から、また神がどんどん生まれていきます。

……意味わかんないですか？　つまりカラダの汚れを落とすだけで、神が生まれちゃってるんです。

はい、せーの！　アンビリーバボー!!

垢を落とすと様々な神々が生まれますが……このシーンで覚えておいて頂きたいのはこちらの3兄弟。

長男：**底筒之男命**（ソコツツノオノミコト。水の底の方ですすいだ時に生まれた

よ）

次男：**中筒之男命**（ナカツツノオノミコト。水深の中間くらいのとこですすいで生まれたよ）

三男：**上筒之男命**（ウワツツノオノミコト。水面あたりですすいで生まれたよ）

この3柱の神様は、大阪の住吉大社《すみよしたいしゃ》にまつられています。3柱を合わせて**「住吉《すみよしの》大神《おおかみ》」**と言います。全国に約2300社あると言われる住吉神社の祭神はすべて住吉大神で、航海の神様と言われています。

順番はこう覚えてください。

一番上は三男♪　三男♪

一番下が長男♪　長男♪

間にはさまれ次男♪　次男♪

すみよし3兄弟♪

……すみません。歌ったことを後悔しております（航海だけにね。いいぞ落語家）。

イザナギさん、体を洗ってさっぱり、最後は洗顔です（髪の毛洗わないのかな）。

左目を洗って生まれたのが**天照大御神**（アマテラスオオミカミ。キター!!　日本の最高神。ナルシストな女王様。以下、**アマテラス**）。

右目を洗って生まれたのが**月読命**（ツクヨミノミコト。意外とこの後あまり出てこないので性格よくわからん。以下、**ツクヨミ**）。

鼻を洗って生まれたのが**須佐之男命**（スサノオノミコト。乱暴者。末っ子気質のイタズラ好き。後に大活躍。以下、**スサノオ**）。

目と鼻から生まれたことからこれを目くそ鼻く……バチあたるわ!!

この3柱の神々を**三貴子**《さんきし》と呼び、特に尊い神とされます（結局、髪の毛と耳は洗ってないわね。耳は洗ってないから穢れたままですよね。実はボクも耳が穢れてるんです……というか潰れてるんです。高校の時に柔道やってて潰れました。柔道と落語は似てるんです。どちらもオトしたら勝ちです……いっぽん！）。

**イザナギ**「よしっ。まずはアマテラス、お前は高天原《たかまがはら》を治めなさい」
**アマテラス**「はいはい、やりますよ（女王様気質なので）」
**イザナギ**「次、ツクヨミ、お前は夜の世界を治めなさい（歌舞伎町《かぶきちょう》とかすすきのとかのことじゃないわよ）」
**ツクヨミ**「はいお父様。月にかわっておしおきよ！」
**イザナギ**「で、スサノオ、お前は海の世界を治めなさい」
**スサノオ**「……やだーーー!!」

スサノオだけは父ちゃんの言うことを聞かず、ずーっと泣いていました。とにかくずーっと。どれくらい泣いていたかというと……その涙で青々とした山はことごとく枯れ、川と海が干上がってしまい、ありとあらゆる災いが起こるほど。

**イザナギ**「もう泣くなー！　やめろー!!」
**スサノオ**「……ぐすっぐす……わあーん!!」
**イザナギ**「泣くなー!!」

**スサノオ**「……ぐすっ…うん」
**イザナギ**「……やっと泣き止んだか」
**スサノオ**「ゔわーーーん!!」
**イザナギ**「うるせー!!」

×20

**イザナギ**「何がそんなに悲しいんだ？」
**スサノオ**「……だってぼくは……うっ……うわーーーん！」
**イザナギ**「おい、泣いてちゃわからないだろ？　理由を父ちゃんに話してごらん？」
**スサノオ**「……うん。ぐすっ……だってぼくね、……うわーーーん!!」
**イザナギ**「うるせー!!」

×50

**イザナギ**「よく出るな涙そんなに。おい！　いい加減にワケを話しなさい！」
**スサノオ**「……だって……ぐす……ぼく母ちゃんに会いたいんだもん」
**イザナギ**「……母ちゃん？」
**スサノオ**「イザナミ母ちゃんに会いたいんだ！」
まて!!（柔道風）
おかしいよねー。キミは鼻から生まれてんだから、鼻毛が父ちゃんで鼻の穴が母ちゃんとか言いたいところだけど……これが神話か……よし、はじめっ!!（柔道風）
**イザナギ**「何言ってんだキサマ。母ちゃんはもういないんだ！　そんなん言うならお前はこの国から出てけー!!」
勘当されます。
そういえば、俳優の小泉孝太郎さんも縁を切られたそうですよ。
二十年程前、お父さんの純一郎さんが言ってました。

「カンドウした！」

いっぽん！（柔道風）

……あ、これただのダジャレですからね。縁とか切られてないですよ。弟・進次郎さんの結婚で、親子仲のいい様子が伝わってきましたね。でもこの結婚にはウラがありそうです。だって奥さん「おもてなし」の人だから（はい金メダル！）。

ちなみに、今まで活躍したイザナギは、これ以降、登場しません。

最終的にイザナギは「淡海《おうみ》の多賀《たが》」に落ち着いたと『古事記』には書いてあります。この淡海というのは近江《おうみ》（現在の滋賀県）のことで、そこにある多賀《たが》大社《たいしゃ》にイザナギがまつられています。

でもここで突然に近江が出てくるのがおかしいということで、「淡海」は「淡路」の書き間違いで、初めに生んだ淡路島へ帰ったのではないかとも言われます。淡路島にも「多賀」という地名があって伊弉諾神宮《いざなぎじんぐう》にイザナギがまつられています（「どっちのイザナギショー」やりたい）。

江戸時代、アマテラスがまつられる伊勢神宮への参拝「お伊勢参り」が大ブームとなった時（犬も参拝するくらいだワン）に、多賀大社にも来て欲しいと考えた地元の人たちが、キャッチコピーを作りました。「お伊勢参らばお多賀へ参れ、お伊勢お多賀の子でござる」。伊勢神宮にいる日本の最高神を生んだ親神が、多賀大社にいるってわけです。来て来てキャンペーンは成功して、多賀大社も大勢の参拝客で賑わったそうです。

イザナギのまつられる神社は、彼の黄泉の国エピソードにちなんで寿命をコントロールできる神ということで、**「延命長寿」のご利益**があると言われています。

さあ、イザナギ父ちゃんに勘当されたスサノオは、路頭に迷います。

**スサノオ**「うわーーん!!　どうしよう！　そうだお姉ちゃんに相談しよう！」

次は、アマテラスとスサノオの滑稽《こっけい》なやり取り。

これもツッコミどころ満載です。

# 第五話　ルール教えろって！

父親のイザナギから勘当されたスサノオは、高天原《たかまがはら》にいる姉ちゃん・アマテラスのもとへ泣きつきます。

**アマテラス**「あっ、山や川が揺れてる……もしかして、あいつ来るかな。やだな。苦手なんだよな、あいつ。泣き虫だし。だいたい何しに来るんだよー。姉ちゃんヒマだから遊んでよ～！……ってか。いやいやそんなヤツじゃねーか……何か来るには理由があるはずよ……まっ……まさかアタシの高天原を奪うとかそんなんじゃないわよね。やーよそんなの。ふざけないでよ。よーし、念には念を、よ！」

アマテラスは髪を解いて、左右に分けて束ねて、ボーイッシュガールになります。完全武装して、弓とか１０００本の矢とか勾玉《まがたま》とか着けて、スサノオを待ち受けます。

**アマテラス**「いよーし！　来い!!　バカ弟!!」

**スサノオ**「姉ちゃーん！……うわ、何その格好。ハロウィン？」

**アマテラス**「コスプレじゃねーよ！　お前こそ何しに来た！　この国奪う気だろ！　ただじゃおかないぞ！　ケツの穴から指突っ込んで奥歯ガタガタ言わせるぞ！」

**スサノオ**「その攻撃、弓矢関係ないじゃん！　違うんだよ〜、聞いてよ姉ちゃん。オレさ、イザナミ母ちゃんに会いたくて**根之堅州国**《ねのかたすくに》（黄泉《よみ》の国の別名ともされるし、それに近い場所ともされる。わかりまへん）に行きたいって泣いてたら、イザナギ父ちゃんから『お前もうどっか行け』って追い出されちゃったんだよー。うぇーん！」

**アマテラス**「だから何だよ！　こっちにも来んなよ！　てかオメェ鼻の穴から生まれてんだからイザナミさんは母ちゃんじゃねえんだよ！　そんなこと言ってアタシの国奪う気だろ！　ケツの穴に奥歯突っ込んで指ガタガタ言わしたろか！」

**スサノオ**「あべこべになってるよ！　何も奪おうなんて思ってないよ！」

**アマテラス**「じゃあその証拠を見してみろや！」

**スサノオ**「わかった！　**誓約《うけい》（占い）**をして示すよ！」

2柱の神は、天安河《あめのやすかわ》（高天原に流れる川）を挟んで対峙《たいじ》します。

それぞれの持ち物を交換して（何で？）、誓約という名のゲーム、スタート！

**ルール：男のコを生んだ方が勝ち。**

**アマテラス**「いっせーのーで！　で始めるわよ！（伊勢神宮の「いっせー」とかかってるわよ）」

**スサノオ**「わかった」

**アマテラス**「では！　3、2、1……スタート！」

**スサノオ**「違うじゃんウソつき！」

まずアマテラスが、スサノオの十拳《とつか》の剣《つるぎ》を3つに折り（握り拳《こぶし》10個分の、でけー剣ね）、天真名井《あめのまない》の水ですすぎ、嚙《か》み嚙みして（神だけにね。うえーい）、吹き出した息の霧から神々が誕生しました（ややこしい占いだな！）。

ちなみに、宮崎県高千穂町《たかちほ》の高千穂峡に真名井《まない》の滝ってのがあって、これが神秘的できれい！　手漕《てこ》ぎボートで滝をくぐれるんだけど、これが楽しい！　ここが伝承地ってわけじゃないけど、ボクの中でイメージが近いので紹介しました。

ここから生まれたのが3柱の女神。
長女：**多紀理姫命**（タキリビメノミコト。以下、**タキリビメ**）
次女：**市寸島姫命**（イチキシマヒメノミコト。以下、**イチキシマヒメ**）
三女：**多岐都姫命**（タキツヒメノミコト。以下、**タキツヒメ**）

ここで、暮らしに役立つワンポイント講座！
この3柱の女神は、福岡県の宗像大社《むなかたたいしゃ》（祝！　世界遺産になりました）にまつられています。**宗像三女神**《さんじょしん》と呼ばれるなかなかメジャーな神々です。宗像大社は沖津宮《おきつぐう》（沖ノ島《おきのしま》にあり）、中津宮《なかつぐう》（九州本土に近い大島にあり）、辺津宮《へつぐう》（九州本土にあり）とあって、それぞれタキリビメ、タキツヒメ、イチキシマヒメがまつられています（生まれた順番とは違うよ）。

このうち、沖津宮のある沖ノ島は、島全体が御神体《ごしんたい》（神様が宿るとこ）で、基本的には立ち入り禁止です。女人禁制で、入る時は男性もマストで禊《みそぎ》をしないといけません。古代の祭祀遺物《さいしいぶつ》がめっちゃ残っている、まさに**「神宿る島」**です。

ちなみにその他、有名な神社だと広島県の厳島神社《いつくしま》（こちらも世界遺産）、栃木県の日光二荒山神社《にっこうふたらさん》（日光と言えば家康公《いえやす》。家康公の幼名は竹千代だ！　ボクもいずれまつられたい！）、神奈川県の江島神社《えのしま》（しょうなんですね！　うえーい）にもまつられています。もう一つ。イチキシマヒメは神仏習合《しんぶつしゅうごう》（仏教の仏様と日本の神様が合体するってこと）すると、七福神の弁財天と同一とされます。だから参拝すると**財運アップ**します！

さぁ～て本編に戻ります。

さっきはアマテラスが3柱の神を生みましたが、次は、スサノオの番です。アマテラスの髪に巻いてあった勾玉《まがたま》を手に取り、天真名井の水ですすぎ、嚙み嚙みして、吹き出した息の霧から5柱の神々が誕生します。

**天之忍穂耳命**（アメノオシホミミノミコト。後に出てくる天孫降臨《てんそんこうりん》の主演：ニニギノミコトの父。以下、**オシホミミ**）

**天之菩卑能命**（アメノホヒノミコト。出雲大社の宮司、出雲国　造《いずものくにのみやつこ》の祖。天皇家の次に長く続く家系と言われてる千家《せんげ》さん。以下、**アメノホヒ**）

他3柱の神が誕生（エキストラなので省略します。すみません、かみたま！）。

**スサノオ**「やった！　男の子だ！　オレの勝ちだ！」

**アマテラス**「……いや、アタシの勝ちよ」

**スサノオ**「何で？」

**アマテラス**「だってアタシの勾玉から男の子が生まれたんだから。それはアタシが生んだってことだもん」

**スサノオ**「ズルっ！」

**アマテラス**「アタシから生まれたらアタシの子。ア

タシのモノから生まれてもアタシの子」

**スサノオ**「ジャイアンかよ……いいや！　やっぱりオレの勝ちだよ」

**アマテラス**「何で？」

**スサノオ**「オレに邪心がないから清い女の子が生まれたわけだから。だから女を生んだオレの勝ち！」

**アマテラス**「……いや男生んだら勝ちゲームじゃなかったっけ？」

**スサノオ**「とにかくオレの勝ちだ！　オレに邪心はないんだー!!」

もはやノールールのゲーム終了。

これは余談ですが……この誓約で、アマテラスとスサノオから、3柱の女神と5柱の男神が生まれました。この男女比、何かと一致していると思いませんか？　そう、ひな人形です。おひな様とお内裏《だいり》様、三人官女に五人囃子《ばやし》。しかも日本では昔から「左上位」といって、左側の方が位が高いとされています。右大臣より左大臣の方が偉いんです。ひな飾りは、お内裏様の左（向かって右）におひな様がいます。つまりおひな様の方が、お内裏様より偉い。アマテラスは日本の最高神だから、スサノオより偉い……と思ったら、京都のおひな様は左右が逆です。やっぱりお内裏様の方が偉いのか……これを考えるだけで朝までお酒が飲めそうです。

さて、勝ち誇ったスサノオは、これからめっちゃイタズラをし始めます。

そのイタズラの斬新《ざんしん》さといったらハチャメチャです。

# 第六話　引きこもっちゃったよ！

もはやルールのわからない「誓約《うけい》」という名のゲームに勝ったスサノオは、イタズラ三昧《ざんまい》です。

田のあぜを壊す！

溝を埋める！

新嘗祭《にいなめさい》を行う神殿にウン〇を撒《ま》き散らす！　えんがちょー!!（新嘗祭というのは、神にその年穫《と》れた新しい穀物をお供えする神事。今も皇居で行われている。勤労感謝の日はこの日）。みなさん、これほんとに『古事記』に書いてあるんですよ。スサノオって変なおじさんですよね（だっふんだ！）。

こんなことされたら誰でもブチ切れそう。しかし、心の広いお姉ちゃんは、誓約の前にはめっちゃ弟を疑ってたはずなのに……

**アマテラス**「クソを撒き散らしたというのは、きっと酔っ払って吐いたんでしょ（アタシもよく、ゲーやるわ）。田のあぜを壊して溝を埋めたってのも、土地をどうにか利用しようとしたんでしょ（ゲー隠したのかな）。まーいいよ」

まるで神様みたいな方（神様だからね！）。

しかし弟のイタズラは止まらない。

姉ちゃんが機織《はたおり》小屋で機織女《はたおりめ》（機織りする女性）に神の衣を織らせている時、その小屋の屋根に穴を空けて、尻の方から皮を剝《は》いだ馬を投げ込みます。

**アマテラス**「ナニコレ！　このイタズラ、ザンシーン！」

アマテラス姉《ねえ》やんが驚いていたら、機織女がこれ見てビックリ。梭《ひ》（機の横糸を通す道具）で女性器を突き刺して死んじゃいました（どんな状況？　どんな死因？）。

**アマテラス**「うーー！　アタシの友達を殺しやがって！　もう知らない‼」

仏の顔も三度（神で仏。ややこしーす）。**とうとうブチ切れたアマテラスは、天岩戸《あまのいわと》の中に引きこもります**（高天原《たかまがはら》にある岩窟）。

宮崎県高千穂町に天岩戸神社があります。ここの御神体《ごしんたい》がまさに天岩戸で、社務所に声をかけてお祓《はら》いしてもらうと拝めます。一見すると、ただの大きな崖《がけ》のようですが、思わず手を合わせたくなるような神々《こうごう》しい雰囲気を漂わせています。

**神々**「わー!! 何だ急に暗くなったよ!? 停電? 誰か誕生日? ケーキ出てくる?」

アマテラスは太陽神です。彼女が岩屋にこもったことで、高天原と、葦原中国《あしはらのなかつくに》（地上のことを総称してこう言うらしい。まあ日本列島てこと）が真っ暗になります。

アマテラスは日本の最高神なので、言わば神様業界の社長みたいなものなんです。そう、どちらもシャイン（shine・社員）がつきものです（太陽神だけにね！ さあ笑ってね）。

**神々**「誰かー！　早くブレーカーあげてー！　ハッピバースデーツーユー！」

昼が来ない夜の世界に包まれ（昼が来ナイトやだ！　なんつって）、災いが起こりまくります（のぞき、万引き、ひったくり……なんてもんじゃない！）。

**神々**「早くアマテラスを引きずり出せー‼」

引きこもりニートまっしぐらのアマテラス。

でもこれは考えようによっては運が良いんです。

……なぜかって？

太陽が引っ込んだからツキ（月・付き）が出るんです（言うてる場合か！）。

スサノオに汚物を投げつけられてるし、ウンは付いてますよね（水に流してくださいな）。

これが日本神話のハイライト**「天照大御神（アマテラスオオミカミ）の岩《いわ》戸《と》隠《がく》れ」**です。彼女を岩戸の中から出すべく、神々が集まって会議をします。

果たして岩戸を無事に開くことはできるのか⁉

次回「岩戸開き大成功」乞うご期待！（いや答え出ちゃったよ！）

# 第七話　ナルシストかよ！

アマテラスが岩戸の中にこもってしまうと、彼女は太陽神なので、**世界中の光がなくなってしまいました**。

そこで**八百万《やおよろず》の神々が、天安河原《あまのやすかわら》に集まって会議**を開きます。

この天安河原は、宮崎県高千穂町に伝承地があります。神話の舞台になることの多い宮崎県の中でも、高千穂は特に伝承が多い、神話の町です。第六話に出てきた「天岩戸神社」の裏手の道を15分くらい、流れが激しめの川を横目に見ながら歩いていくと、洞窟があります。ここが天安河原です。

鳥居が立っていて、小さい社《やしろ》がある。看板には**「祭神《さいじん》：八百万神」**と書いてある。こんな神社はここくらいだと思います。すべての神がまつられているんですから、もんのすげーパワースポットです。まあ結構歩くんで、行くまでにパワー奪われますけどね（こらこら！）。確かに参拝したらご利益あったんです！　帰り道に道端で1

00円拾ったんです。すごくないですか⁉　1円や10円じゃないんですよ？　100円ですよ！　ただ、お賽銭《さいせん》を奮発して1000円入れたんですよね。マイナス900円になっちゃった（こらこら！）。そうだ、お賽銭と言えば、最近ではお賽銭を電子マネーでできるそうですよ。ピッ！　って。でもお賽銭はやっぱりチャリーン！　ってのがいいですよね？　電子マネーでやったら、コウカ（効果・硬貨）ないですよね～（キマったよねこれは）。

とにかく。

八百万の神々が全員ここに集まって、岩戸を開くための会議をしたそうです。800万引くアマテラスですから、799万9999の神々がここに集まったんです。ちなみに大きさは8畳くらいでした。神ってちっさいのね。1畳につき100万くらいの神がいるわけです（ダニと同じくらいいるよね）。

ちなみにここ天安河原で、願いを込めながら石を積むとその願いが叶うと信じられているようで、周りには無数の石が積まれています。すんごい数です。川の向こうまで……どうやって積んだんだという……正直不気味なくらいです。でも、それくらいパワーがあるってことなんです。「全国でおススメの神社は？」って聞かれたらボクはまずここをご紹介してます。この光景とその力はぜひ一度行ってお確かめください！

スシ詰め状態の中、リーダーシップを執るヤツがいるわけです。

**思金神**（オモイカネノカミ。神の中で一番賢いとされる知恵の神。岩戸開きの司令塔。全国唯一の天気の神社、気象《きしょう》神社の祭神でもある。以下、**オモイカネ**）が招集をかけます。

**オモイカネ**「はい、みんな集合〜!!　このままだと暗いから。昼でも照明つけて電気代ムダにかかっちゃうから。アマテラスさんを岩戸から出そう。いろいろ作戦考えたから」

**作戦①ニワトリ作戦！**

**オモイカネ**「ニワトリが鳴くと朝になって太陽昇るから、出てくんだろ。ニワトリ集めまくって一斉に鳴かせろー！」

**ニワトリ達**「コケコッコ〜!!」

シーーーン。

失敗!!

**作戦②ドンチャン祭り！**

**オモイカネ**「ぱーっと賑やかにやってりゃ、気になって出てくんだろ！　まずは祭りに必要な鏡と勾玉を作って祝詞《のりと》（めでたい言葉）を奉れー！」

ここで作られた鏡と勾玉が、後に皇位継承の証となる**「三種《さんしゅ》の神器《じんぎ》」**のうちの2つです（第九話参照）。

また、このチャプターで重要な脇役が2柱います。

**天児屋命**（アメノコヤネノミコト。以下、**コヤネ**）

**布刀玉命**（フトダマノミコト。以下、**フトダマ**）

フトダマは、祭りをする上で、鏡と勾玉を榊《さかき》（よく神棚に飾ってある葉）の枝に取り付けて、これを供える役。

コヤネは、それにともなってお祝いの言葉を述べる役。

ここから少し先の話になりますが、このフトダマの子孫が忌部《いんべ》氏で、コヤネの子孫が中臣《なかとみ》氏です。神話において先祖の神がこういう働きをしたので、後に大和朝廷でも神をまつる仕事に就いています。大和朝廷は、奈良あたりにあった日本で初の中央政権です。

ちなみにコヤネは、春日大明神《かすがだいみようじん》とも呼ばれ、奈良県の春日大社にまつられています。中臣氏は後に、古代において天皇家を利用し、権勢をふるいまくったあの藤原氏となりますので、春日大社はその氏神《うじがみ》様（神としてまつられた氏族の先祖）として有名になります。

さあ、お祭り準備おっけー!!

ドンチャンドンチャンえらやっちゃえらやっちゃよいよいよい……

シーーン。

失敗!!

**神々**「何だよあいつ。えらそーなこと言って。言うとおりにしても全然ダメじゃねえかよ」

と、神々が陰口を叩《たた》き始めたその時……！

**謎の女神**「私に任せてください！」

**神々**「ダレ？……おお？……おおー！　いやーはっはっはっ！」

女神の正体は**天宇受売命**（アメノウズメノミコト。以下、**ウズメ**）。

いきなりおっぱい出して踊り狂うノミコト、現る！

これを見た神々が……

割り箸《ばし》に1万円を挟んでパンツに差し込みます。相当だらしないのではなく……ただただ大爆笑！（リアクションおかしくない？　カラダだったとか？　腹に何か書いてあったとか？）

ちなみに**『古事記』の中で「わらう」という言葉が、初めて出てくるのはココです。**しかし「笑う」の字は使われていません。「咲く」という字で「咲う（わらう）」と読ませます。つまり花で言うと、「満開」は大爆笑ってこと。落語で客席が五分咲きの時は、満開のサクラが欲しいよね（うまいっ！）。

そして、この**ウズメの踊りが、日本初の芸能**と言われます。だから彼女がまつられている神社は、芸能上達のご利益があるとされています。中でも一番ご利益があると言われるのが、アマテラスがまつられている伊勢神宮の近くにある「佐瑠女《さるめ》神社」です。このサルメっていうのが、ウズメのことです（理由は第二十一話参照）。ここが芸能の神様の総本山なので、全国各地から、俳優を目指す人、タレントを目指す人、芸人を目指す人が、足繁《あししげ》く参拝に訪れます。ボクもお参りしました。佐瑠女神社のお守りを常に、肌身離さず携帯してます。あれからというもの、もんのすご～い……現状維持!!

まだ効果が現れません。

裸踊りなだけに、二つの意味でフク（服・福）をください。

さあ岩戸の中のアマテラス。表が何やら陽気なので気になって仕方がありません。

そーっと岩戸を細めに開き、
**アマテラス**「アタシというスターがいないのに（太陽だけどね）何でこんな盛り上がってるわけ？」

**ウズメ**「あなたより美しい神が現れたからですよー」

**アマテラス**「ブッチーン！（何かがキレた音）アタシよりキレイな神なんかいるわけないでしょー!!」

そんなこと言ってるうちに、コヤネとフトダマが、先ほど作った鏡——後の三種の神器の一つ、八咫《やた》の鏡を岩戸の隙間に入れます。

**アマテラス**「冗談じゃないわよーう！（鏡を見て）……あら？　はわぁぁあ……なんて美しい神なの！」
**神々**「めっちゃナルシストー!!」
**アマテラス**「このキレイな娘、外にいるの……？（戸を開けて覗《のぞ》こうとする）」
**謎の神**「よし！　今だ!!」

力持ちの神様がぐわーっ！　と岩戸をこじ開けます。

この開けた岩戸が空から地上へ降ってきて（宮崎に天岩戸の伝承地があると言ったけど、あくまでも神話上は天上世界の話だよ）、日本列島のど真ん中に落ちたといいます。そこが長野県の戸隠《とがくし》です。忍者の里として有名ですね。天岩戸を隠しているから「戸」隠と言うんです。

ボクも行ってみたのですが、戸隠山の麓《ふもと》に戸隠神社がありました。奥社《おくしゃ》にまつられているのは、この力持ちの神様で、**天手力男命**（アメノタヂカラオノミコト。以下、

**タヂカラオ**）と言います。

タヂカラオはきっと寂しがり屋の神様にちがいありません。

いつもみんなと一緒がいいはず。

なぜかって？

戸隠だけにソバがいい（いよっ落語家！）。

ちなみに、このタヂカラオがまつられている奥社の隣に、九頭龍社《くずりゅう》があります。ここは古くから**歯痛に効く神様**と言われており、虫歯になった人はここまで通ってお参りしたそうです（往復1時間歩くよ。大変！）。そして梨《なし》をお供えして、3年間梨を食べないでいると、虫歯が治ると言われていました（古典落語の「佃祭《つくだまつり》」に出てきます）。

でも長野と言えばリンゴなのに、何で梨なんだろう？　と思って、落語の師匠方に聞いてみました。

**某師匠**「梨を食わせないようにしてリンゴを食わせようっていう長野の農協の作戦だろ！」

……この考えはナシだと思います。

さて岩戸が完全オープン！

**アマテラス**「イヤーン！　めっかっちゃった！」

タヂカラオがアマテラスを岩戸から引っ張り出して、すかさずフトダマが岩戸にしめ縄を張って……岩戸開き大成功！

世界に光が戻ります。

**スサノオ**「いやーよかったね！　一件落着！　姉貴、お帰りー」

**神々**「……スーサーノーオー！　てめー何呑気《のんき》なこと言ってんだ！　元はと言えばてめーのせいでこうなったんだろ！　お前はバツとして地上へ行けー!!」

**スサノオ**「えーーー!!」

次はスサノオが主人公になり、**怪物退治**をします。
ここからは出雲《いずも》神話がスタートします。

# 第八話　オレのオロチ

アマテラスが岩戸隠れしてしまったのは、元はと言えばスサノオの責任……というわけで、バツとして、スサノオは地上へと行かされました（島流し的な）。しかも自慢の髭《ひげ》を切られて（ア〜ンせっかく伸ばしたのにぃ！　板垣退助《いたがきたいすけ》みたいにしたのにぃ！）、手足の爪を抜かれます（めっっちゃ痛いよね！）。

地上に着いたスサノオは、罪を償うため、**大気都姫神**（オオゲツヒメノカミ。以下、**オオゲツ**。急に出てきたよ！）に、神にお供えする（お前も神だけどな）食べ物を求めました。

オオゲツは鼻、口、ケツからたくさん食べ物を出します（尻から食いモンて！　まさにオオ「ゲツ」ってやかましわ）。

これを見たスサノオは「きったな！」と思い（そりゃそーだ）、オオゲツを斬り殺します（でもかわいそん）。

すると死んだオオゲツの体から、食べ物がたくさん誕生します（これも衛生的にはどーなの⁉）。

頭から蚕《かいこ》（これは食べないけど）、目から稲、耳から粟《あわ》、鼻から小豆《あずき》（牛乳と言いたいとこだよね）、アソコから麦（アソコはアソコよ）、尻から大豆《だいず》が生まれます。

これらを**カミムスビ**（第二話に登場した造化三神《ぞうかさんしん》、久しぶり！　覚えてるかな？）が、種として地上にまきました。これが**五穀の起源**です（何度も言うけど、衛生面どうなの？）。

やがてスサノオは、出雲国《いずものくに》（現在の島根県）に到着しました。

そこに流れる川の上流から、箸《はし》が流れてくるのを発見します。

**スサノオ**「はしだ！（壽賀子《すがこ》！……呼び捨てごめんなさい）上に誰かいるのか？　腹減ってるからメシ食わしてもらおっと」

上流に向かって歩いていくと、今度は泣きわめく老夫婦を発見します。

**スサノオ**「どしたの？」
**老夫婦**「どうもこんにちは。ワシは**足名椎（アシナヅチ）**、こちら妻の**手名椎（テナヅチ）**と申します」
**スサノオ**「漫才コンビみたいだな。で、何で泣いてんのよ？」
**アシナヅチ**「ワシらの娘が毎年怪物に1人ずつ食べられてしまうのですじゃ、神様」
**スサノオ**「あっ、オレが神ってわかる？」
**アシナヅチ**「何かオーラあるんで。それはともかく、ワシには8人の娘がいたのですが、残りは1人となってしまったのですじゃ」
**スサノオ**「8人とも娘ってすごい確率だよね。絶対どこかで男が生まれそうだけど、全員女だとはね。奥さんもいるし、アンタ男1人で大変だろ？」
**アシナヅチ**「……いえ、問題はそこじゃないんです。もうすぐ怪物が来て、最後の娘が食べられちゃいそうなんですじゃ」
**スサノオ**「オレがさきに娘食べちゃおっかな」
**アシナヅチ&テナヅチ**「（シーン……）さようなら」
**スサノオ**「ウソごめん！　でもその怪物退治したらいいんでしょ？　どんなヤツなの

よ？」
**アシナヅチ**「目は赤く、頭が８つ、尾が８つ。体の大きさが、８つの谷と８つの山ほどありますじゃ」
**スサノオ**「８ばっかり好きだねー。ラッキーナンバー？　怪物だからアンラッキーだけどね〜。ＯＫ！　退治するのはいいけど、成功したらちゃんと娘くれよ？」
**アシナヅチ**「……いつの間にそういう話に？」
**スサノオ**「いいっしょ？　怪物が食うか、オレが食うかだよ」
**アシナヅチ＆テナヅチ**「（シーン……）さようなら」
**スサノオ**「ウソウソ！　ごめんって！　わかったよ、ちゃんと付き合ってからそういうことするから、怪物退治したら、ちゃんと交際許してよ」
**アシナヅチ**「まぁ付き合ってからなら……わかりました。怪物退治をしてくれたら、娘の**櫛名田姫**（クシナダヒメ。以下、**クシナダ**）との交際を認めます」
**スサノオ**「クシちゃんていうんだね。とりあえず紹介してよ」
**アシナヅチ**「あっ、はい。おーいクッシー」
**クシナダ**「何か用？」

**アシナヅチ**「かくかくしかじか……」

**クシナダ**「うんうんはいはい……えっ？　この人が？……うんうん、それはいいけど……えっ？　マジで？　何でよ勝手に決めないでよ！　あたしの人生よ、ふざけないで！　ちょっ……何すんのよ！　放して～（羽交い締めして口を押さえられて）……んぐぐ～！」

**アシナヅチ**「娘もＯＫです」

**スサノオ**「ＯＫなのか!?　ものすごい嫌がってるように見えるけど……まあいいか、とりあえずクシちゃんを櫛に変えさせてもらうね（何だいきなりその魔法は!?）。……えい！」

スサノオは、櫛に変身したクシナダヒメを自分の髪に挿します（これは本当に『古事記』に書いてあるのだけど、謎の行動。クシナダをクシって、ただダジャレを披露したかっただけかな）。

**スサノオ**「よーし、じゃあ怪物退治するんで、強めの酒を酒船《さかぶね》（酒を入れる器）に入れて、8個用意しといてー」

**アシナヅチ**「飲むんですか？」

**スサノオ**「そうそうそう……出会いにかんぱーい!!……ってバカ！　怪物退治に使うんだよ！　頼むよ」

**アシナヅチ&テナヅチ**「はい喜んでー（居酒屋風）」

スタンバイOK。

すると、遠くの方から怪物こと**八俣大蛇（ヤマタノオロチ）**がやってきます。

ドシーン！　ドシンドシン！（ここでかかるのはゴジラのテーマがいいかな）

ちゃかちゃんちゃかちゃんちゃかちゃかちゃかちゃかちゃかちゃん♪

**ヤマタノオロチ**「あんぎゃー!!」

**スサノオ**「よっしゃ怪物ー、正々堂々勝負だ！　まずこれを飲めー!!」

**ヤマタノオロチ**「あんぎゃー!!」

ヤマタノオロチは、8つの頭をそれぞれの酒船に突っ込み、酒をがぶがぶ飲んでバタンキュー。

「今だ！」と、スサノオは剣を抜いて、寝ているオロチの首を1本ずつ切り始めます。

**アシナヅチ&テナヅチの心の中**「えーっ！　神様めっちゃ卑怯《ひきょう》～！」

**スサノオ**「（剣でギコギコ切りながら）ヨサクは首を切る～♪　ヘイヘイホ～♪　……ホレ、ぼ～っと見てないで掛け声！」

**アシナヅチ&テナヅチ**「……へいへいほー」

**スサノオ**「（8本切り終えて）よし勝ったー!!　これでクシナダはオレのものだー！　オレのオロチを味わえー！」

**アシナヅチ&テナヅチの心の中**「うわーっ！　神様ひどい下ネタ～！」

オロチ退治の舞台は、島根県斐伊川《ひいかわ》の上流だったと伝わっています。

斐伊川は何筋にも分かれた川で、暴れ川として地元では有名です。よく氾濫して人を飲み込んでいたそうですが、これがヤマタノオロチのモデルになったとかいう説もあります。現在でも斐伊川が氾濫すると、各々の家で、荒神様《こうじんさま》（スサノオのこと）と呼ばれる石に祈りを捧げて鎮める風習があるそうです。もしかしたらスサノオが斐伊川の治水工事をしたのが、この伝承になったのかもしれません。

島根県雲南市《うんなんし》には、ヤマタノオロチ退治神話関連の神社や伝承地がたくさんあります。

オロチ退治に使う酒を造った釜とされる「釜石《かまいし》」。

その酒を盛った壺の1つをまつる「八口《やぐち》神社」。

オロチが酒に酔って、そこを枕にして寝たという「草枕山《くさまくらやま》」（でかっ！）。

オロチの8つの頭を埋めて8本の杉を植えたという「八本杉《はちほんすぎ》」。

オロチの住んでいた場所とされる「天《あま》が淵《ふち》」。

……etc. オロチ巡りをしてみるのもいいかもしれません。

ところで「オロチ」という文字ばかり見ていると、オルニチン（シジミに含まれる二日酔いに効くやつね）がオロチに見えてきます。島根県の宍道湖《しんじこ》は、シジミがたくさん採れるので、お土産屋に行ったらこの〝あるある〟をきっと理解して頂けると思います。

ちなみに、後の時代に斐伊川がなまって氷川《ひかわ》となったので、全国にある氷川神社には、スサノオがまつられています。特に有名なのが、埼玉県さいたま市大宮区の氷川神社です。**勝利、厄除けの神様**として親しまれています。それから大宮という地名ですが、氷川神社の境内が広かったから「大きい宮」で「大宮」になったそうです。

さあ、そんなわけでスサノオはヤマタノオロチを無事退治しました（手足の爪がはがされてる中、よくやったよね）。そのオロチの体から出てきたものとは……？

# 第九話　スーパーヒーロー誕生

スサノオは、ヤマタノオロチをめっちゃ卑怯《ひきょう》なやり方で退治しちゃいました。

オロチの尻尾《しっぽ》を切ろうとすると……（バラして食べようとしたのかな。オロチ料理うまいのかな。大根オロチとか……いや何でもないです）

カチン！

何かが剣の刃に当たります。

**スサノオ**「……なっ！　なんじゃこりゃあ!!（Ⓒ太陽にほえろ！　さすが太陽神の弟）」

そこから出てきたのは、**天叢雲《あめのむらくも》の剣《つるぎ》**という剣でした。

後にヤマトタケルがこの剣で草を薙《な》ぎ払ったので、**草薙《くさなぎ》の剣《つるぎ》**とも言われます。

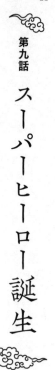

……えっ？　この剣は重いか軽いかって？

そりゃヘビの体から出てきたのでヘビー（重い）ですよ（いよっ！　よーよー‼）。

ちなみにこの草薙の剣は、皇位が正式に継承された証である**「三種《さんしゅ》の神器《じんぎ》」**の1つです。

これをもっているのが、今上《きんじょう》天皇（現在の天皇ってこと。明治天皇とか昭和天皇みたいな「○○天皇」ってのは、亡くなってから言われるよ）とみなされるのです。

さあ、三種の神器、残りの2つを覚えてますか？

そうです！

冷蔵庫と洗濯機（なんでやねん！　それは戦後日本やがな！）。

……ではなく！

**「八咫《やた》の鏡《かがみ》」**と**「八尺瓊《やさかに》の勾玉《まがたま》」**です。

これは、第六〜七話の「アマテラスの岩戸《いわと》隠《がく》れ」の時に作ったものです。

これらの三種の神器は、現在どこにあるでしょうか？　草薙の剣は熱田神宮《あつたじんぐう》（愛知県）、八咫の鏡は伊勢神宮（三重県）、八尺瓊の勾玉は皇居（東京都）です。これも歴史を知ればわかります（熱田神宮はヤマトタケルゆかりの地。この話もおもしろいのよねぇ～。でもまたの機会に……）。

話を戻しまして、スサノオは、高そうな剣なんで、一旦、お姉ちゃんのアマテラスに預けます（仲直りしたのかな？　結局シスコンなのねぇ）。

そしてオロチに食われそうになっていた、クシナダと結婚します。

新居が必要だと、いい感じのとこを探していると……（スーパー近いコンビニ近い駅近い地下鉄も通ってる閑静でステータス高く見られて大家さんの性格良くて安いとこないかな～）

**スサノオ**「うん、ここいいな。何か心がすがすがしいわ」

そんなわけで、この地は須賀《すが》（島根県にあり）という地名になりました（これは本当）。

こうして須賀に新居を建てて住むことになりました。島根県の須我《すが》神社がその場所らしいです。全国にあるスガ神社にはスサノオとクシナダがまつられています。

この地には、雲がたくさん湧き上がっていたので、スサノオは歌を詠みます。さすが、出る雲で「出雲《いずも》」ですね。

「**八《や》雲《くも》立《た》つ　出雲《いずも》八《や》重《え》垣《がき》　妻籠《つまご》みに　八重垣作《つく》る　その八重垣を**」

意味：八重の雲が湧き起こる出雲に、妻を囲うためにたくさんの垣根を作る。たくさんの垣根よ～（最後は余韻）。

この歌は、日本初の和歌と言われております（ちゃんと5・7・5・7・7になってる！）。

日本で和歌を初めて詠んだのは、平安貴族じゃなくて、元泣き虫のイタズラ小僧だったんですね。

この和歌にちなんで、須我神社の近くに八《や》重《え》垣《がき》神社があります。祭神はもちろんスサノオとクシナダで、ご利益は縁結びです。境内の裏手には、クシナダが鏡の代わりに姿を映したという「鏡の池」があります。社務所で売られている半紙に小銭を載せて池に浮かべると、お告げの文字が浮かんできます。半紙が遠くの方へ流れていけば、遠くの人と縁があり、早く沈むほど早期に縁があると言われています。だから、早く縁が欲しい人は、より重い硬貨を載せた方がいいわけです。ケチって1円玉だと縁が遠のくそうですよ。

また、境内にある「夫婦椿《めおとつばき》」は、2本の木がひとつに合わさっているとても珍しい椿です。ちなみに資生堂のシンボルマークは花椿。資生堂の方々はここによく参拝に来るそうです。

さあ、ここからスサノオとクシナダの間に子神が誕生し、その子神がさらに子神を生んで、その子神がさらに子神を生んで～（後に出てこない神ばかりなので一気に省略。落語のように時空を飛び越えるよ）……あっという間に6代後の子孫が生まれます。昆孫《こんそん》と言うそうです。孫の孫が玄孫《やしやご》で、その孫が昆孫です（いつ使うの？　今でしょ！）。

これが、『古事記』上巻の中盤における大看板で、メイン主人公の**大国主命**（オオクニヌシノミコト。以下、**オオクニヌシ**）です。

　ここからは、彼が様々な困難を乗り越えて成長し、スーパーヒーローとなる物語が始まります。

# 第十話 81回目のプロポーズ

ここからしばらくはオオクニヌシが主役の物語となります。

舞台は変わらず山陰地方です。

ちなみにオオクニヌシは奥さんがたくさんいて、子どもが181柱もいたと言われます。

子ども生むの得意なのは、舞台が山陰（産院）だからかな！　たけっちです！

オオクニヌシには名前がたくさんあります。大穴牟遅神（オオナムヂノカミ）、葦原色許男（アシハラノシコオ）、八千矛神（ヤチホコノカミ）、宇都志国玉神（ウツシクニタマノカミ）。別名たくさん。物語によって性格や立場が変わるので、その都度使い分けているようですが、便宜上オオクニヌシと言っておきます。

ペンネーム、ハンドルネーム、ラジオネーム、リングネーム使い分けてるみたいなもんです（ホントかよ）。

彼には兄が80人います（シャケ並みの多さ。あ、正しくは「80柱」だね）。これを**八十神（ヤソガミ）**と言います。このヤソガミが全員、因幡《いなば》（現・鳥取県東部）に住む**八上姫（ヤガミヒメ）**を好きになります（兄弟揃って同じ好み）。そして80柱の兄全員が、同時にヤガミヒメにプロポーズに行きます（こわ！）。

ちなみに、八上姫は「八」の上と書くから、つまり「九」です。そこに皆でキュウコンに行くって面白いじゃないですか。

末っ子のオオクニヌシはイジメられてるので、ヤソガミの荷物を全部もたされて、後ろの方から付いていかされました。

ヤソガミ達が岬《みさき》に来ると、一羽のウサギが苦しんでいます。

**ヤソガミA**「どうしたのウサギさん？」

**ウサギ**「サメに毛皮剥《は》がされちゃって痛いんです～」

この「サメ」なんですが、『古事記』には、実は「ワニ」と書いてあります。

でも日本には元々ワニが生息していないのと、サメをこのあたりの方言で、「ワニ」と言うらしいので、サメのことだとされています。

**ヤソガミB**「おう、ウサ公、心配すんなよ！　海水浴びて風にあたってりゃ治るぜ」

**ウサギ**「ほんと？　ありがとうございます！」

そのとおりやると、皮膚はもっとただれて痛くなります。そりゃそうですよね。傷口に塩塗っちゃってるわけだから。ちょっとは考えてウサピョン！

こういう間違ったアドバイスというのは、寄席の楽屋でもよくあります。

落語家は入門すると、まず4年間の前座修業があるのですが、楽屋入りして最初に先輩方に教わるのが、師匠方への「お茶の出し方」です。

師匠によってお茶の好みがそれぞれ違います。濃いのがいいとか、薄いのがいいとか、熱いのがいいとか、ぬるめがいいとか、冷たいのしか飲まないとか、ノンカフェインじゃないとダメだとか……それを覚えることから始まるわけです。また、お茶を出すタイミングもそれぞれ違います。

ある時……でした。ボクが楽屋にいた師匠に「お茶でございます」と差し出すと、

その師匠は「ありがとう」と言ってお茶を受け取り、すぐ机の上に置きました。これを見ていた某先輩が、

**Kアニさん**「おい、お前ちょっとこっち来い！」

**竹千代**「はい、アニさん」

**Kアニさん**「お前な、さっき師匠が、お茶受け取って、すぐに机に置いただろ？　あれは飲むタイミングじゃなかったんだよ。飲みたい時は受け取ったらすぐに口つけるんだから。お茶出しはタイミングが肝心だぞ」

**竹千代**「かしこまりました、すみませんアニさん」

**Kアニさん**「おれが見本見せてやるから、そこで見とけ！」

アニさんがお茶をもって別の師匠のところへ行きます。

**Kアニさん**「師匠、お茶でございます」

**師匠**「そこ置いといて」

受け取りすらしない!!……だって、その師匠は着替えの途中だから最悪のタイミング。

**Kアニさん**「見たか？　こんなもんだよ」

いや、どんなもんだ!!

かわいいアニさんです。

話をウサギ（三遊亭右左喜《ウサギ》師匠っているのよね）に戻します。

さらに痛がっていると、一番後ろにいたオオクニヌシが通りかかります。

**オオクニヌシ**「ウサギさん、どうしたんだい？」

**ウサギ**「サメに毛皮を剝がされちゃって痛いんです！」

**オオクニヌシ**「どうしてサメに毛皮を剝がされてしまったの？」

**ウサギ**「実はオキノシマ（島根県の隠岐《おき》島 or 福岡県の沖ノ島《おきのしま》と言われてるよ）から

こちらに渡りたくて、でもボク泳げないから、いろいろ考えて、サメにこう言ったんです。『キミらの種族とボクらの種族とどっちが数が多いか勝負しよう！　ボクが数えてあげるから皆一列に並んで！』って。並んだサメの上を踏みながら数えて、最後のサメになったとこで『こっちに渡りたかっただけだよ！　ダマされやがってバーカバーカ！』って言ったら、サメが怒って、ボクは毛皮剝がされちゃったの……ボク悪くないですよね⁉」

お前が悪いー！　余計なこと言わなきゃいいのよ。

実はこのウサギ、北海道の釧路《くしろ》から因幡へ渡ってきたんじゃないかとボクは考えてるんです。

だって、釧路は湿原（失言）が多いんでね。たけっちです！（座布団1枚！）

**ウサギ**「さっき80人くらいの団体観光客に言われて海水を浴びたんです。そしたらよりひどくなっちゃったんです！　思えば顔も何か怖かったし、うさんくさかった！　何だあいつら！」

**オオクニヌシ**「ごめん、オレの兄貴達が」

**ウサギ**「え、全員兄貴？　シャケなの？」

**オオクニヌシ**「弟として、本当になシャケない」

**ウサギ**「……何か別の意味で、より痛みが増してきた！　助けてー！」

**オオクニヌシ**「よし、ウサギさん、川で体を洗って、蒲《がま》の穂の花粉の上に寝転がってみて。きっと治るよ」

**ウサギ**「あのうさんくさいやつらの弟の言うことを聞いて、大丈夫かな〜」

**オオクニヌシ**「ウサギさん、心の中の声、出ちゃってるよ」

**ウサギ**「あ、ごめんなさい。素直なもんで」

**オオクニヌシ**「素直は時に刃《やいば》となるのよ。だからサメにも余計なこと言っちゃったのね。でもオレを信じてやってごらん」

ウサギがオオクニヌシの言うとおりにすると、元どおりに白い毛が生えてきた！

これがかの有名な**「イナバの白ウサギ」**です（物置じゃないよ）。

このエピソードから、オオクニヌシは**病気平癒の神様**でもあるのです。

ちなみに、このイナバの白ウサギの舞台と言われているのが、鳥取県の白兎《はくと》海岸《かいがん》です。

実際に行ってみると、近くにウサギが渡ってきたという小島もあります。オオクニヌシとウサギの銅像もあります。

海岸付近にある白兎《はくと》神社には、このウサギがまつられていて、皮膚病や火傷《やけど》に効く神様と言われています。境内にはウサギが体を洗ったとされる池もあります。蒲の穂エキス入りクリームも売ってます（商売上手！）。

**ウサギ**「やったー！　やっぱりあなたはいい人でした。一目見た時からそうだと思ってました！」

**オオクニヌシ**「うるせーよ。よかったね。それじゃ」

**ウサギ**「待ってください！　あなたはきっとヤガミヒメを得られるでしょう！」

**オオクニヌシ**「はいはい、ありがと」

**ウサギ**「いや、お世辞とかじゃないんです！　ボクは実は神様なのです！　今、あなたの未来を予言したのです！」

**オオクニヌシ**「神様はサメをダマしたりしないから」

**ウサギ**「いやっ……そこ言われるとアレなんだけど、とっ、とにかく！　あなたがヤガミヒメを得られると予言します！」

**オオクニヌシ**「はいはい、ありがと」

**ウサギ**「デジャブ！　信じて～‼」

この予言は的中。

ヤガミヒメはオオクニヌシの妻となります。

このことから、イナバの白ウサギは**縁結びの神様**でもあります。

白兎神社の売店で売っている「結び石」という石を、境内の鳥居の上に投げて、そこにのっかると良いことがあると言われています。

ボクもやってみました。そしたら何と！　石が鳥居の上にのりました！……でも代わりに、先にのってた誰かの石が何個か落ちたのはここだけの話です（ごめんなさい！）。

さあ、こうなって面白くないのはフラれたヤソガミ達です。

**ヤソガミ一同**「オーオークーニーヌシィ〜！」

次回、オオクニヌシ殺神事件。

# 第十一話　クリリンかよ

オオクニヌシは、念願のヤガミヒメを手に入れました。

お兄ちゃん達80柱は、このことにめっちゃ怒ります。

みんなで作戦を立てて、オオクニヌシを殺そうとします（こういう時に限って、みんな仲良くなるのよね。こーわっ）。

手間山《てまのやま》（鳥取と島根の境）の麓《ふもと》までオオクニヌシを連れていき、

**ヤソガミ**「おい、オオクニヌシよー、この山に赤イノシシがいんだよ。俺たちが上から追いおとすから、お前、下で捕まえろ。もしできなかったらお前……殺すぞ！（どっちにしろ殺すつもりだけどね～）」

**オオクニヌシ**「わかったよお兄ちゃん！」

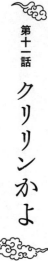

ヤソガミは、イノシシではなく、大きな岩を焼いて、山の上から転がします。

**オオクニヌシ**「きたっ！　これだ！」

バチコーン‼

オオクニヌシ……死亡。

いや、岩かイノシシかはわかるだろ‼

岩とイノシシが区別できないくらい視力悪かったと思われるオオクニヌシ（いい眼科紹介します。岩だから岩科か）。岩に潰され、死す。

オオクニヌシのお母さんはこれを知って、

**母**「なんてかわいそうなオオクニヌシ。どうか神様、生き返らせて〜！（アンタも神様だろ！）」

そこで赤貝と蛤《はまぐり》の神（貝は生命の象徴。火傷薬《やけど》にも貝が使われたらしい）がオオクニヌシの体に薬を塗ると……**復活**！

**母**「よかったわねオオクニヌシ～」

このエピソードの舞台とされるのが、鳥取県にある赤猪岩《あかいいわ》神社です。

ここにはオオクニヌシとその母神がまつられていて、境内には囲いがあり、この地中深くにイノシシ岩が埋まってるといいます。もう二度とこんなことが起こらないように、封じ込めてるんですね。オオクニヌシが復活を遂げたことから、この神社は、**再生や次なる発展を期待する方にご利益**があります。

さあ、ヤソガミは、オオクニヌシが生き返ったのを聞いて、さらにヒートアップします。

**ヤソガミ**「何？　生き返っただと？　母ちゃんめ、余計なマネしやがって。もう一回殺すまでやい！」

ヤソガミ達は、オオクニヌシを山へ連行します（さっきから山好きだな）。

木に切り込みを入れて楔《くさび》を打ち込み、

**ヤソガミ**「おい、オオクニヌシ！　お前この割れ目に入れ！　入らねーと殺すぞ！（だからどっちにしろ殺すんでしょ）」

**オオクニヌシ**「わかったよお兄ちゃん！（ザ・イエスマン）」

オオクニヌシが入ったところで楔を抜くと……

バチコーン!!

オオクニヌシ……死亡。

またー⁉

よわー!!

楔の間に入れるって、小ちゃー！

ちょっとは疑って～!!

これを知った母ちゃんは、

**母**「何てかわいそうなオオクニヌシ。どうか神様、生き返らせて〜！（アンタも神様だろ！　デジャブ！）」

**オオクニヌシ……復活!!**

……もう命って何なんだろうと言いたくなります。

クリリン並みに生き返ります（Ⓒドラゴンボール）。

マリオ的に言うと、３キあったってことです（わかるかな？）。

**母**「オオクニヌシ、また殺されるといけないわ（いや、アンタ何度でも生き返らせられるんだろ）。キノクニへ逃げなさい」

キノクニは大きな本屋で（嘘ですよ）、キノクニ→木国→紀伊国です。つまり、オオクニヌシは現在の和歌山県の方へ逃亡します。

にしても、ヤソガミを止めるという選択肢はないのでしょうか。反抗期の子どもは怖いのかしら。

まだまだ追ってくるヤソガミは、弓矢でオオクニヌシを殺そうとします（結局は正攻法で殺すんかい）。

ここで、現地の木の神様（木国だからね）こと、**大屋彦命**（オオヤビコノミコト。以下、**オオヤビコ**）が、木の俣《また》からオオクニヌシを逃がします。

このエピソードの舞台が、和歌山県の伊太祁曽《いたきそ》神社です。

ここにはオオヤビコがまつられていて、境内には「木の俣くぐり」のアトラクションがあります。エピソードにちなんで、木に空いた穴をくぐると厄除けのご利益があるというわけです。実際にこれをくぐると「木の俣くぐり体験証明書」をもらえます（有料）。

「またくぐり」だけに、２回くぐるとよいでしょう（またまた！）。

何とかヤソガミから逃れたオオクニヌシは、自分の６代上の先祖、スサノオのいる根之堅州国《ねのかたすくに》へと逃げることにします。

根之堅州国は黄泉《よみ》の国とは違いますが（同じという説もあり）、先祖がそこにいるということは、何か似たようなところなんでしょう。

さて、どこにあるんでしょうね。

しかし、自分のひいひいひいひい（ラマーズ法みたい）おじいちゃんと会えるなんて、時代はぐっちゃぐちゃ。

さあ、オオクニヌシが先祖のスサノオと会うことになるのですが、ここからは新たな試練が待ち受けています。

# 第十二話　醜いヤツめ

オオクニヌシは、ヤソガミから逃れて、はるばる根之堅州国《ねのかたすくに》までやってきます。
そこで出会った美女が、**須勢理姫（スセリビメ）**です。
見つめ合う視線のレーザービーム……結婚！（猛スピード婚）
スセリビメは何とスサノオの娘でした。オオクニヌシはスサノオの6世の孫なので、大大大大オバさんてことですね（キングオブ熟女好き）。

**スセリビメ**「お父さん！　すっごいイケメンいたの。この人ほら、かっこ良くない？」

**スサノオ**「何？　どれ見せてみろ……おー、こいつはワシの子孫の**葦原色許男（アシハラノシコオ）**だ」

この葦原色許男っていうのは、醜い男って意味らしいです。

自分の子孫に会うなり「醜い男め」って、なかなかの先制パンチ。自分の娘を取られたのがイヤだったんでしょうね。しかも相手は、自分にとって遠い子孫だし。

**スサノオ**「よし、ここで寝ろ、醜い男」

と通されたところは、蛇《へび》がいる部屋でした。

**オオクニヌシ**「イヤーン！　蛇キライ蛇キライーッ！　こんなところで寝られないわよー！」

**スセリビメ**「あなた！　急に口調が変わってるわよ。蛇がもし襲ってきたら、この布を3回振れば蛇はおとなしくなるわ」

**オオクニヌシ**「うそ～？　ホントに？……じゃ（蛇だけに）、やってみるね」

**ヘビ**「シャー!!」

**オオクニヌシ**「おりゃっ!!　布ぶん回すぞ！（湘南乃風《しょうなんのかぜ》みたいにな）」

布を3回振ると、蛇はおとなしくなーる。
安心してオオクニヌシはぐっすり（でも横に蛇いたら、普通はこえーよね）。
次の日。

**スサノオ**「よーし！　醜い男、次はこの部屋で寝ろ！」

今夜は、ムカデとハチがいる部屋でした。

**オオクニヌシ**「やーん！　ムカデきもい！　ハチコワイーッ！　やんやんやーん！」
**スセリビメ**「ほれアンタ、また変なキャラ出ちゃってるわよ！　昨日と同じように3回振りなさい。大丈夫だから。ビービー言わないの（ハチだけに）」
**オオクニヌシ**「わかったよくそー」
**ムカデ&ハチ**「ワシャワシャ&ブンブンブーン！（ハチが飛ぶ♪）」
**オオクニヌシ**「うりゃー！　アンコールにお応えして睡蓮花《すいれんか》！（Ⓒ湘南乃風）」

布を3回振ると、ムカデとハチがおとなしくなーる。

そしてオオクニヌシ、ぐっすり（いやだから、横にいたらこえーって。意外と芯強いよアンタ）。

次の日。

**スサノオ**「よーし！　今日はどうイジメよっかなー」

**オオクニヌシ**「はっきりイジメるって言っちゃったよ！　こうなるとオレはサッカー選手みたいなもんだよ」

**スセリビメ**「どゆこと？」

**オオクニヌシ**「どちらもシュウトで苦労する」

**スセリビメ**「……お父さん、コイツ、もっとイジメちゃって！」

**オオクニヌシ**「うそ〜ん、うまいこと言えたじゃーん」

なんて言いながら（言ってないよ！）、スサノオは矢を野原に射放って、それをオオクニヌシに拾わせます（犬かよ）。

**オオクニヌシ**「ワンワン、拾いましたー」

とオオクニヌシが戻ろうとすると、スサノオは野原に放火！

**オオクニヌシ**「いや、もう殺す気やん！　どいつもこいつも～」

とにかく逃げまくるも、火の手が迫ってきます。
今回は頼みの妻のスセリビメも近くにいません（ショッピング行っちゃったかな）。
オオクニヌシ、万事休す！
……とそこに、１匹のネズミが現れます。

**ネズミ**「地面を踏んで！」

オオクニヌシが地面を思い切り踏み込むと、土の中へズドン、と落ちる。
その間に火が通り過ぎて九死に一生を得ます（何度も生き返ってるけどね）。
ネズミに助けられるなんて○ィズニーみたいじゃない！（夢の国！）
ちなみに、このネズミのサイズ、大きいか小さいかわかります？
正解は……チュー（中。どうだ！）。
一方、それを知らないスサノオ達は、

**スサノオ**「……死んだか」

**スセリビメ**「……お父さん！　何てことを！　イジメにしても、火はやりすぎよ！
えーんえーん。とりあえず葬式の支度しましょ（受け入れ早っ）」

2人が焼け跡に様子を見に来ると、そこにいたのは矢を握りしめたオオクニヌシでした。

**スセリビメ**「……ぎゃー!!　出たー！　オバケー！　ナンマンダブナンマンダブ」
**オオクニヌシ**「いや生きとるわ！　てか、神が念仏唱えるなって」
**スセリビメ**「……え、ホントだ！　足がある！　生きてたのね！　よかった〜絶対生きてるって信じてた！」
**オオクニヌシ**「いや、ガッツリ葬式道具もっとるやーん！」
**スセリビメ**「いやっ、……これはっ……そうよね、あなたが死ぬわけないわよね（死んでもお母さんが生き返らせてくれるしね）」
**オオクニヌシ**「そうだよ、オマエを幸せにするまでは死ねないよ！……ってね」
**スセリビメ**「んもーう！　バカバカ！　ほんっとに心配したんだから！」
**オオクニヌシ**「でもオマエの、オレを見つけたときの顔は傑作だったな。……ぎゃー!!　出たー！　オバケー！　って」
**スセリビメ**「ちょっとやだ〜！　マネしないでよ〜！……あははは！」
**オオクニヌシ**「あははは！」
**オオクニヌシ&スセリビメ**「アハハハハ！」

**スサノオ**「これにて一件落着だな！」

**オオクニヌシ&スセリビメ**「お前が言うな！」

さて、スサノオによるオオクニヌシイジメはまだまだ続きます。アマテラスにも斬新なイタズラしてた奇才・スサノオなので、イジメ方も画期的です！

# 第十三話　ムカデ乗ったままよね

火攻めの試練を無事に乗り越えたオオクニヌシですが、次なるイジメが待ち受けていました。

スサノオはオオクニヌシを広い部屋に呼びます。

**スサノオ**「おい、醜い男」

**オオクニヌシ**「はい！（いい加減、「醜い」ってやめてくれねーかな。あんたの子孫なんだから、あんたのＤＮＡも入ってるだろ）」

**スサノオ**「頭のシラミを取ってくれ」

**オオクニヌシ**「えっ？……はっ、はい！（どゆこと？　これも試練なの？　こわいよー何なのー）」

スサノオの頭を見ると、そこにいたのはでっかいムカデ。

**オオクニヌシ**「……キモー‼」

てか、イジメのためとはいえ、自分の頭の上にムカデ乗せるの、イヤじゃないのかね。

あと気になるのは、ムカデがシラミに見えるってことは、それくらいスサノオの頭でかいってことよね。

**オオクニヌシ**「どうしよう、キモすぎて触れない（子どもの時は平気で虫に触れたのに）……また例のキャラ出ちゃいそう……」

でもこんな時は……スセリビメチャーンス！

**スセリビメ**「あなた！　心配いらないわ。これ使って」

スセリビメは、椋《むく》の木の実と赤土をオオクニヌシに渡します。

**オオクニヌシ**「……ナニコレ？　家庭菜園作るの？」

**スセリビメ**「椋の実を音を立てて嚙《か》んで、赤土を口に含んで吐き出せば、きっとお父さんにはあなたがムカデを嚙んで吐き出しているように見えるから、ダマせるわ！」

何だ、そのアドバイス!!

**オオクニヌシ**「ムカデ嚙むヤツいるわけないし、サイズ違うし、絶対ムリだよー」

**スセリビメ**「いいからやんなさい！」

**オオクニヌシ**「はっ、はいっ！……仕方ないなあ、もう。プチップチッ（椋の実嚙んでる）、（赤土嚙んで）ペッ（地面に吐き出す）、何だコレ。おかしくなったと思われちゃうよ」

これを見たスサノオは、

**スサノオ**「おおっ、ワシの頭の上のムカデを噛んで吐き出してくれておるのか！」

ダマされたー!!

これでダマされる方もアホだし、こんなアドバイスするのもアホだし、それを実行するのもアホだし、登場人物みんなアホです。

てか、でかいムカデを頭の上に乗っけておいてわからないって、頭の感覚どうなってんだスサノオ！　きっとムカデはまだ頭の上で這ってるぞ！

そしてスサノオはオオクニヌシの行いに感心して、イジメ疲れもあったのか、そこで寝てしまいます。

**オオクニヌシ&スセリビメ**「チャーンス!!」

次またどんなイジメをされるかわからないオオクニヌシは、この隙に、イジメっ子スサノオの髪を束ねて、部屋の柱に結びつけてしまいました（どんだけロン毛なんだ）。

そして、ばかでっけー岩で部屋の入口を塞《ふさ》いでしまいました。この岩は500人の力でやっと持ち上がるほどの大きさと言われています。

いや、オオクニヌシもすげえな！（でも虫は苦手）

さらに太刀《たち》、弓矢、琴《こと》をパクってオオクニヌシ達は逃げます。

すると、琴が木の枝に触れて鳴っちゃった！（琴の音は、神を呼び降ろすと言われてるよ）

この音でスサノオは目を覚まします。

**スサノオ**「いやーすっかり寝ちゃったよ（ムカデはまだ頭の上）……ってアイツらがいねえ！　くそう！　逃げられた！」

スサノオはすぐさま追いかけようとします（ムカデはまだ頭の上）。しかし、髪が柱に結ばれちゃってるから動けない！（こんなことなら床屋行っときゃよかった！）

**スサノオ**「このバカチンが！（ロン毛なので）こうなったら……」

さあ、どうするのかスサノオ……何と何と……

柱を……倒したー!!

家が……崩れたー!!

毛根強えー!! いや、家がモロいのか？

スサノオは、髪が解けたので走り出します（ムカデはまだ頭の上）。

**黄泉比良坂**《よもつひらさか》（イザナギの黄泉《よみ》の国訪問のとこだね！ 第三話参照）まで来ると、2柱の神の姿が、遠くの方に見えてきました。

**スサノオ**「おまいらー!!」

**オオクニヌシ&スセリビメ**「うわー!! キタキタ！ イジメっ子ー!!」

**スサノオ**「その太刀と弓矢でヤソガミをやっつけろー！　ワシの娘、よろしくなー!!」

……あ、認めてくれたのねー。

**オオクニヌシ**「ありがとう、お父さーん！（まだムカデ乗ってるけどね）」
**スサノオ**「お前にお父さんと言われる筋合いはねぇ！（だって6世の孫だし）」
**オオクニヌシ**「ごめんよ、ひぃひぃひぃひぃひぃじいちゃーん！」
**スサノオ**「じじい扱いするんじゃねぇ！」
**オオクニヌシ**「めんどくさー」
**スサノオ**「あっ！……ムカデまだいるじゃん！」
**オオクニヌシ&スセリビメ**「遅ーっ!!」

オオクニヌシは、スサノオによる数々のイジメを乗り越えて、ようやく「父」兼「先祖」に認めてもらえました。

ちなみにここまでずっと、わかりやすくするためにオオクニヌシと呼んでましたが、本当は、ここからオオクニヌシと呼ばれるようになっています。一人前に成長して名前が変わったわけです（ブリみたいだね）。それまではオオナムヂノカミという名前でした。

さあオオクニヌシは、スサノオに言われたとおり、太刀と弓矢でヤソガミを倒します。文字どおり、**オオクニヌシが、この国の主となります。**

オオクニヌシが国を作る、**「国作り」**神話が始まります。

# 第十四話
# 女好きの神

オオクニヌシはスサノオの試練をクリアしてヤソガミを倒し、地上へ戻って国作りを始めます。

とその前に。

オオクニヌシはヤガミヒメ（第十話参照）と結婚してたわけですけど、覚えてますか？……そこへスセリビメ（大大大大おばさんだけどね！）を連れて、地上へ帰ってきてしまったのです。

**ヤガミヒメ**「ちょっとあなた……この熟女は誰？」

**オオクニヌシ**「いやっ、そのっ、何ていうか……まぁその親しい友達っていうかね……な？」

**スセリビメ**「オオクニヌシの新妻よ。あたしたち、一目惚れしたの」

**オオクニヌシ**「はっきり言っちゃったよ！」
**ヤガミヒメ**「あなた……本当なの？」
**オオクニヌシ**「まぁその、でもオマエはオマエで大事だからさ、ね？　今までどおりさ……」
**ヤガミヒメ**「そんな……アタシというものがありながら……あなたがそんなに熟女好きだったなんて……！……もういいわ」

そう言って、ヤガミヒメは、自分の子どもを木の俣《また》へ挟んで、実家に帰ります（どゆこと⁉　子どもがかわいそーん）。

この子を木俣神（キノマタノカミ）、もしくは御井神（ミイノカミ）と言います。この神がまつられている御井《みい》神社が、島根県、兵庫県、岐阜県などにあります。**ご利益はズバリ、安産**です。

しかし女を泣かすなんてニクい男……。オオクニヌシ！　こいつはなかなかのワルイ男です（いよっ、神界の桂春団治《かつらはるだんじ》！）。ヤガミヒメを非情にフったオオクニヌシ（ヤガミヒメを狙ってたヤソガミの立場ナシ！）、今度は北陸にいた美女・**沼河姫**

**（ヌナカワヒメ）**に恋をします（女の敵！　ケダモノ！）。

互いに歌を交わし合い（ラブソング＆アンサーソング）……結婚（またかよ！）。

まだまだオオクニヌシの女遊び（⁉）は止まらない。

各地に女を作り（うらやまし……いやケダモノ！）、多くの子どもを生んでいく（ビッグダディいやゴッドダディ）。

そんなわけで、オオクニヌシには子どもが181柱いたといいます（シャケかよ⁉　ちなみに竹千代の岩手わんこそば記録は181杯）。恋多き女好きの神なので、**縁結びの神様**にもなってるわけです。

ちなみにボク、「桂竹千代」をインターネットで検索すると、予測検索ワードに「女好き」と出るんです（これホント）。

誰が検索してるんでしょうか。まあ、女好きはそのとおりだからいいかとは思いながらも、「ボクは売れてないから一部の人が検索してるに違いない」と思って、試しに自分のスマホで、毎日1回「桂竹千代　面白い」で検索してみたんです。そうしたら、2週間後くらいに「桂竹千代」をパソコンで調べると、「面白い」が予測検索ワードトップ10入りしてきたんです。これはおそらくボクしか検索していないでしょう（悲しい！）。ということは、毎日「桂竹千代」と「良いイメージの言葉」を一緒に検索していれば、予測検索ワードをすべて良い言葉にすることも可能ということ⁉　そこで、「桂竹千代　天才」とか、「桂竹千代　売れる」とか……今、やっているところです。みな様、清き一票をお願い致します（そんなヤツ売れるか！）。また、これによってライバルへの攻撃も可能なんです。ライバルを悪いイメージの言葉とともに検索するんです。たとえば「三遊亭○○　エロ爺」とか、「林家△△　極悪人」とか……今、やっているところです。みな様、清き一票をお願い致します（やめとけ！）。

さあ、オオクニヌシの浮気癖に、今度は、実家に残してきたスセリビメが嫉妬します。

**オオクニヌシ**「じゃあ今日も女のとこ行ってきま～す（潔し！）」

出掛けようとするオオクニヌシにスセリビメは、

**スセリビメ**「アンタっていいわね。ホイホイ女作れて。でもアタシはアナタしかいないの。ねえそれでもいいからアタシを愛して～」

的な歌を詠みます（何て純愛なの！　オオクニヌシ、ほんっとうらやま……いや、ケダモノ！）。

するとオオクニヌシも、アンサーソングを歌います。

※『古事記』に書かれている歌だとわかりにくいので、現代風にアレンジしてみました。

**オオクニヌシ**「もちろんキミが一番だよ！（タイプの熟女だし）」

**スセリビメ**「オトコはアナタ、オオクニヌシ♪」

**オオクニヌシ**「オンナはキミさ、スセリ♪」

**オオクニヌシ&スセリビメ**「切なさが胸に来る♪」

あしたスセリ&オオクニ（順子・ひろし）は仲睦まじく暮らしたとさ。

さて、まだまだ終わりませんよ。

各地で女性を作って子どもを生むという行為は、その土地を掌握したことを意味します。

こうして女好きオオクニヌシは、国作りという名の子作りを広めていくのです。

この場面でオオクニヌシは、八千矛神（ヤチホコノカミ）と呼ばれます。「八千」は数が多いということです。矛は男根（チン○のことね）の象徴なので、たくさん女性を作ったことを意味します。

オオクニヌシはここで色んな神を生みますが、ここで覚えておいて頂きたい神様は2柱です。

**阿遅鉏高彦根神**（アジスキタカヒコネノカミ。母は宗像三女神《むなかたさんじょしん》の長女、タキリ

ビメ。第五話参照。以下、**アジスキ**）
**事代主神**（コトシロヌシノカミ。以下、**コトシロヌシ**）

この2柱の神様は後に登場します。

オオクニヌシが順調に国作りを進めていると……海の彼方からオオクニヌシに寄ってくる影。

果たして、敵か味方か！

## 第十五話　B型かよ

オオクニヌシが国作り&子作りをしていると、海の彼方より人影が現れます。その神はガガイモ（蔓《つる》植物）で作った船に乗り、蛾《が》の皮を丸剝《は》ぎにして作った衣服を着ていました（どんな服？　流行り？）。

**オオクニヌシ**「えーっと……あなた誰ですか？」
**謎の男**「………」
**オオクニヌシ**「あの……聞こえてます？」
**謎の男**「………」
**オオクニヌシ**「いや、てんてんてんじゃなくてさ」
**謎の男**「………」
**オオクニヌシ**「ダメだこりゃ！（いかりや風）」

するとそばにいたヒキガエルが、教えます。

**ヒキガエル**「その神の正体は、カカシが知ってるゲロ」

**オオクニヌシ**「ありがとうカエルくん！」

**ヒキガエル**「あたしメスなんだけど」

**オオクニヌシ**「ごめん！　見た目じゃわからないから」

**ヒキガエル**「鳴き声が全然違うでしょ？　メスはゲロゲーロゲロゲーロ。オスはゲロゲーロゲロゲーロ」

**オオクニヌシ**「……一緒じゃない？」

**ヒキガエル**「違うよ！　メスはゲロゲーロゲロゲーロ。オスはゲロゲーロゲロゲーロ」

**オオクニヌシ**「……わからない」

**ヒキガエル**「もう！　青空球児《あおぞらきゅうじ》・好児《こうじ》師匠に怒られろゲロ〜！」

てなわけで、オオクニヌシはカカシ（畑にある動物除《よ》けのアレね）に尋ねます。この世界は、動物でも作り物でも、何でもしゃべれるワンダーランドなのです。

**カカシ**「そいつはね、カミムスビさんのせがれの**少名彦那神**（スクナビコナノカミ。以下、**スクナビコナ**）だーよ」

カミムスビノカミ、たま〜に出ますね（まさに神出鬼没）。冒頭に出てきた「造化《ぞうか》三神《さんしん》」の1柱です（第二話参照。第八話にも出ました。お久しぶり）。そのカミムスビの子どもが、この神様の正体だというわけです（てことは先輩か？　敬語使うべき？）。

オオクニヌシは、早速カミムスビに聞いてみます（えっ⁉　時代が全然違うと思うけど会えちゃうの？　って意見はやめてね！）。

**オオクニヌシ**「カミムスビさんの子どもってヤツが来てるんですけど……」

**カミムスビ**「間違いなく、ワタシの子だ。ワタシの手の指の間から生まれた子だ」
**オオクニヌシ**「手の指の間からって……手垢《てあか》？」
**カミムスビ**「そーゆーわけなんで、オオクニヌシ、スクナビコナと兄弟になって国を作りなよ」
**オオクニヌシ**「えー!?　全然知らないヤツといきなり兄弟なんてなれないですよー！　てか、こいつ無口すぎるし、イヤです！」
**カミムスビ**「いいから兄弟になれ！　生まれた時は別々かもしれないが……死ぬ時も別々の仲になれ！」
**オオクニヌシ**「いやそれ当たり前の仲じゃないすか！　古典落語に出てくる、はっつあんとくまさんの関係じゃないんですから（丁寧なツッコミ）」

こうして**無理矢理に兄弟となったオオクニヌシ&スクナビコナのコンビ**。ここから2柱で国を作り上げていきます。

スクナビコナは、温泉をたくさん作ったことから**温泉の神様**でもあります。

全国各地の温泉地にある温泉神社の祭神は、スクナビコナ。無口だけど開拓の神なのです。

ちなみに、ボクは温泉が大好きで「温泉ソムリエ」の資格をもってます。温泉ソムリエはすごい資格なんです。なんと4時間講義を受けると……もれなく取れます（簡単！）。温泉だけに「ゆ（湯）～だけ」って資格です。

……これはお湯に流してください。

順調に国作りは進むのですが……スクナビコナは飽きたのか、まだ途中なのに、さっさと自分のウチへ帰ってしまいます。

**オオクニヌシ**「えー！　またひとりー！　アイツ、突然来て突然いなくなって気まぐれすぎんだろ！　振り回しやがってー。アイツ絶対B型だろー（ボクはそんなB型の人が好きです）」

と嘆いていると、また海の彼方から謎の男が……。

**謎の男2**「おーい」
**オオクニヌシ**「おっ、今度はちゃんとしゃべってくれそうなヤツ来た」
**謎の男2**「おれをとりあえず、まつってよー。まつれば国作り手伝ったげるよー」
**オオクニヌシ**「いやアンタ誰ー⁉　知らないヤツ、いきなりまつれるかい！」
**謎の男2**「まつらないと血祭りよー」
**オオクニヌシ**「こわっ、まつりゃいいんでしょ！　くそー、どいつもこいつも理不尽だー」

こうして奈良県三輪山《みわやま》に鎮座《ちんざ》したのが、**大物主神**（オオモノヌシノカミ。以下、**オオモノヌシ**）です。

三輪山麓の大神神社《おおみわ》には本殿がなく、**山自体がご神体という神社の最古形**です。

三輪山には古くから蛇が多く生息しているそうで、オオモノヌシは蛇の神様と言われております。

なので大神神社には、蛇の好きな「卵」をお供えして参拝するのが通例となっております。

三輪山にもオモシロ伝承がたくさんあるんですが、それはまた別の機会にさせて頂きます（もったいぶりやがって！）。

とにかくオオクニヌシは、言われたとおりに**オオモノヌシをまつります**。そして国作り終了〜。**国が完成します**。

さあ、これで平穏に暮らせるかと思いきや……。

# 第十六話　どいつもこいつも

オオクニヌシは無事に国作りを終えました。

「あ～終わった～！　さーてスクナビコナの掘った温泉にでも入ってゆっくりしよー」

とノビをしているわけですが、一方で、天上世界の高天原《たかまがはら》は、何やら不穏な空気。

**アマテラス**「オオクニヌシのヤツ、チョーシ乗ってんな。地上はアタシ達のシマだっつーの。アタシのかわゆーい息子の**オシホミミ**ちゃんが治めるのがいいに決まってんだからー！」

オシホミミは、アマテラスとスサノオの誓約《うけい》（あの変なゲームね）の時に誕生した神様です（第五話参照。ご無沙汰してます！）。

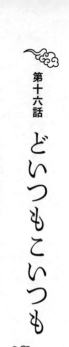

てか、アマテラス、また出たー!!

なんて言わずにそろそろ慣れてくださいね。神様は時空を超えられるのです。

オシホミミは、天浮橋《あめのうきはし》（第二話参照）に立って地上を見下ろして言います。

**オシホミミ**「ダメだこりゃ！（いかりや風）」

**アマテラス**「あら、どうして帰ってきちゃったの、オシホミミちゃん？」

**オシホミミ**「ママ。地上世界は怖そうな神がたくさんいて、荒れすぎちゃってダメだよ。ぼくには手に負えないよ」

**アマテラス**「あーらそう。オシホミミちゃんがそう言うなら仕方ないわねぇ。誰か代わりはいないかしらねえ……」

困った時は、**知恵の神オモイカネ**に頼もう！

オモイカネは、アマテラスの岩戸隠れの時に色々考えて作戦実行した指導者的神（第七話参照）です。

**オモイカネ**「はい八百万《やおよろず》の神、集合～」
**神々**「出た出た、またあいつの呼び出しかよ～。だりぃ～」
**オモイカネ**「アマテラスさんが地上世界を治めたいらしいんだけど、おぼっちゃんがビビっておられるんで、誰か代わりに地上行って、国もらってきてくれないか？」
**神々**「それは大変ですねー（めんどくせーお前が行けよー）」
**オモイカネ**「う～ん。どうしよ、一番交渉に向いてそうなのは……よし、お前！」
**アメノホヒ**「なんすか？」
**オモイカネ**「八百万の神の代表として地上へゴー！」
**アメノホヒ**「えっ！　オレっすか？　地上なんか行ったことないっすよー。パスポートいります？」
**オモイカネ**「つべこべ言わずにゴウデス！　ジャパーン！」
**神々**「アメノホヒ、頼むね～。さー帰ってパズドラしよ～（ぞろぞろ帰り出す）」
**アメノホヒ**「え～！　みんな薄情者～」

**アメノホヒ**もオシホミミと同じく、アマテラスとスサノオの誓約《うけい》によって生まれた神様です（第五話参照。久しぶりの登場が多いね。同窓会みたい）。ということは、アメノホヒもアマテラスの子どもですね。

さあ、アメノホヒは、神々を代表して、国盗《くにと》りネゴシエーターとして地上へ参ります。

**オオクニヌシ**「ようこそ。夢の国へ」

**アメノホヒ**「あっ、どうも初めまして〜」

**オオクニヌシ**「ボクはこの国の代表取締役、オオクニヌシと言います。どうぞ高天原の神さん、ごゆっくりしてってくださいな。温泉とかもありますので」

**アメノホヒ**「ありがとうございます。うわっ、ナニコレ⁉ 地上ってめっちゃ楽しい！ 温泉も最高〜」

アメノホヒ。楽しむ。
アメノホヒ。とにかく楽しむ。
アメノホヒ。ひたすらに楽しむ。

**アメノホヒ**「楽しぃ～帰りたくない～」

あっという間に3年の月日が流れます。

**アマテラス**「アメノホヒちゃん遅くない？（よく3年も待ったな！）」
**オモイカネ**「そうですね。さすがに3年帰ってこないってのは遅いですね」
**アマテラス**「どうする？」
**オモイカネ**「う～ん……よし！　次は**天若彦**（アメノワカヒコ。以下、**ワカヒコ**）に行かせましょう！」
**ワカヒコ**「えっ？　おれすか？　マジすか？　地上ってパスモいります？」
**アマテラス**「いいからゴー！　ジャパーン！」

今度はワカヒコが弓矢をもって、地上へとやって参ります。

**オオクニヌシ**「ようこそ。夢の国へ」
**ワカヒコ**「あっ、どうも初めまして〜」
**オオクニヌシ**「ボクはこの国の代表取締役、オオクニヌシと言います。遠路はるばるお疲れでしょうからどうぞごゆっくりなさってください。アメノホヒさんもすっかり地上が気に入られたようですよ〜」
**ワカヒコ**「ホントですか？　じゃあちょっとだけ楽しんじゃおっかな」
**オオクニヌシ**「どうぞどうぞ〜。あっ、お荷物の弓矢、こちらでお預かりしておきますね〜」

ワカヒコ。楽しむ。
ワカヒコ。とにかく楽しむ。
ワカヒコ。ひたすらに楽しむ。

**ワカヒコ**「楽しぃ〜帰りたくない〜」

あっという間に8年の月日が流れます（デジャブか！）。

しかもワカヒコは、オオクニヌシの娘と結婚して、勝手にこの国を自分のものにしてやろうと考え始めます。

ワカヒコは「天若彦」と書きます。この「天若」の部分が「アマノジャク」とも読めることから、「人に逆らった行動をする人」のことを「あまのじゃく」というようになったとも言われます（諸説あります）。

**アマテラス**「ワカヒコ遅くない？（いや8年もよく待ったな！　絶対忘れてただろ！）」

**オモイカネ**「さすがに遅いですよね（完全に忘れてたわ）。桃栗三年柿八年ならぬアメノホヒ三年ワカヒコ八年ですね」

**アマテラス**「言うてる場合か。ミイラ取りがミイラになるってこのことよ。どうするのよ？」

**オモイカネ**「よし、こうなったらまた別の神を……」

**アマテラス**「ね～それ大丈夫？　ミイラ取りのミイラ取りがミイラにならない？　まずワカヒコが何してんのか確かめてよ」

**オモイカネ**「かしこまりました。ではワタシにいい考えがあります」

さてオモイカネのその作戦とは？

# 第十七話　神様版粗忽長屋

アマテラスは、地上に遣わしたワカヒコが8年経っても帰ってこないので、イライラしてます。もはやイラテラス。

**オモイカネ**「ではアマテラスさん、今度はキジを遣わして、ワカヒコがなぜ戻らないのか確かめてきてもらいましょう」

**アマテラス**「キジ？　何でキジ？　大丈夫？　きびだんごもらったらそっちになびいちゃいそうじゃない？　ま、いいか。じゃあキジに『ワカヒコ早く帰ってこいバーカ』って伝言させて」

今度はキジが、地上へとやって参ります。

そして、ワカヒコ宅の門にある木にとまります。

アマテラスに言われたとおりのことづてを、鳴きながら伝えます。キジ語で。

**キジ**「ケーンケーン！　ケーン！　ケッケケーン！」

**ワカヒコ**「るせー鳥だなー！」

伝わらず（そらそうだ！　キジだもの）。

**ワカヒコ**「あーうっせ！　ぶっ殺そ！（この方は神です）」

ワカヒコは、高天原《たかまがはら》からもってきた弓矢でキジを射殺します。

その矢はキジの胸を貫通して、高天原のアマテラスのところまで飛んでいきます。

♪とんでとんでとんでとんでとんでとんでとんでとんでとんで♪（円広志《まどかひろし》、いや室《むろ》伏《ふし》もビックリな飛距離！）

**アマテラス**「何この矢？……血が付いてる……こっこれは！　ワカヒコにあげた矢！」
**オモイカネ**「なんでワカヒコのってわかるんです？」
**アマテラス**「ここに『わかひこ』って書いてあるのよ」
**オモイカネ**「幼稚園児みたいですね」
**タカミムスビ**「よし、この矢に呪いをかけて返そう」
**アマテラス**「……あら、あんた急に出てきたわね。久しぶりすぎるから自己紹介して」
**タカミムスビ**「どうも、冒頭に出てきたタカミムスビです（第二話参照）。ずーっと休んでたのにいきなり出しゃばってすみません。早速ですが、ワカヒコの心を確かめるんで、矢に呪いかけますね」

いきなり出てきたタカミムスビは、この矢に呪いをかけます。

そして、「もし、ワカヒコが悪い神を射貫いた矢ならば、ワカヒコに当たるな。ワカヒコに邪心があるならワカヒコに当たれ」と言って、地上に矢を投げ返すと、寝ているワカヒコに当たって、ワカヒコ死す！（コントロール良すぎ！）
てか、そんなんできるなら、初めからやって〜！
キジの立場がねえって！　ましてやまともに日本語しゃべれないのに！
結局、殺されたキジは帰ってきませんでした。
行ったきり帰ってこない使者たち。というわけで、これがことわざ「雉《きぎし》のひた使い」の語源です……と『古事記』に書いてあるのですが、「『雉のひた使い』なんてことわざ聞いたことねーよ！」という方もいるかもしれません。

ご安心ください。ボクもそうです。

ワカヒコの奥さん（オオクニヌシの子ども）は嘆きます。めっちゃ泣きます。すると、この泣き声が高天原まで届きます（ボリュームＭＡＸ）。

これによってワカヒコが死んじゃったということが、ワカヒコの父と妻子に伝わります。

そして地上に降りてきて、葬式をします。神様の時代にも葬儀があったんですね。

前にも少し触れましたが、「古代人の死生観」はボクの修士論文のテーマです。「殯《もがり》」

という葬送儀礼をここでするわけですね（第三話参照）。8日にわたって儀式が行われます。

**ワカヒコファミリー**「ワカヒコー!!　まだ若いのになぜだー！　わーん！（命令忘れて遊んでたからだけどね！）」

家族一同が泣いていると、ワカヒコの親友が弔問に訪れます。

この親友とは、オオクニヌシが国作りの時に生んだ子どものアジスキ（第十四話参照）です。

アジスキ（ボクはイワシスキ）は、死んだワカヒコにそっくりな顔をしていたそうです。

家族一同はアジスキを見て、

**ワカヒコファミリー**「……お前はワカヒコ？……間違いない！　ワカヒコだ！　すごい！　ワカヒコが生き返ったぞーい!!」

いや、揃いも揃って、目ぇ節穴ばっかりかい！　お父さんから奥さんまで誰ひとり気づかずに、皆でアジスキの手足に泣きながらまとわりつきます。

**アジスキ**「ちょっと待て！　おれがワカヒコだとしたら、ここに横たわっているワカヒコは一体誰だろう？」

これが古典落語「粗忽長屋《そこつながや》」の原型と言われます（ウソつけ！）。

**アジスキ**「ええい！　放せお前ら！　親友だからわざわざクソ忙しいところ弔いに来てやったのに、こんな穢《けが》れた死人と間違えるとはどーゆーことだ！

（いや、お前も親友相手に言うことかそれ！）」

アジスキはブチ切れて、もっていた剣を振り回して、ワカヒコの葬儀会場をぶち壊して帰ってしまいます（ホントに親友なの？）。暴れないでこう言ってほしかったですね。「ちっちゃいことは気にするな！　それワカヒコ！　ワカヒコ！（Ⓒゆってぃ）」

一方、高天原。

**アマテラス**「お〜も〜い〜か〜ね〜！　どうなってんのよ！　やっぱダメだったじゃない！」

**オモイカネ**「わかりました。では別の神を……」

**アマテラス**「ワンパターンしかないのかよ！　もう次で最後よ！　次のヤツでダメならアンタ、クビー!!」

アマテラスは、ますますイラテラスとなります。

次の神様派遣で、ようやく決着します。

『古事記』上巻・中盤におけるハイライト**「国譲り」神話の始まりです。**

# 第十八話　エビスさん

アマテラスは地上世界を治めるために、何柱もの神々を遣わすけど、みーんな誘惑に負けて帰ってこない始末で困っています。

**オモイカネ**「アマテラスさん、次こそはぜっったいに大丈夫ですんで！　お任せください！」
**アマテラス**「聞き飽きたっつーの！　次ダメならアンタ、知恵の神の称号、剝奪よ！　知恵の輪にしてやる！」
**オモイカネ**「なつかし……いやいや、次は絶対いけます！　**タケミカヅチ**を行かせます。こいつはめっちゃ強いし、マジメですから！」
**アマテラス**「だったらはじめからそいつ行かせなさいよ（ごもっとも！）。行けー!!」
**タケミカヅチ**「アイアイサー!!」

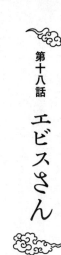

このタケミカヅチは、茨城県の鹿島神宮《かしまじんぐう》にまつられている武の神様です（同じ名前の競走馬もいましたね）。イザナギが火の神カグツチを斬った時に誕生しました（第二話参照）。剣に付いた血から生まれたから、武神というわけですね。

タケミカヅチが大ナマズを従えている絵がたくさん残っています。

日本では古来、地震は大ナマズが起こすものだという信仰があります。鹿島神宮と千葉県の香取《かとり》神宮には、要石《かなめいし》というものがあるのですが、これは、タケミカヅチが埋めた石だと言われています。2つの要石が地中で繋がっていて、大ナマズの頭を押さえているから、この地方では昔から地震が少ないと言い伝えられているのです（水戸黄門が7日間ずっと掘り続けたけど底が見えなかった！）。

でも2011年3月11日に起きた東日本大震災により、鹿島神宮の鳥居が崩壊してしまいました。

タケミカヅチの御神徳が薄れてきているんでしょうか。

『古事記』をよく知って、地震の神様タケミカヅチに心を込めて参拝すれば、災害も減ってくれるのかもしれませんね。

またタケミカヅチは、アマテラスの岩戸隠れの時に活躍したコヤネ（第七話参照）とともに、後の時代に権力者となる藤原氏の氏神《うじがみ》である奈良県の春日大社《かすがたいしゃ》にもまつられています。鹿島にいたタケミカヅチが、神の使いである鹿《しか》に乗って奈良までやってきたと言われています。だから奈良では、今でも鹿を大切にしているんです。

奈良公園には、たくさんの鹿が放し飼いになってます。放し飼いの鹿……略して「ハナシカ」。ボク達も奈良に行くと大事にされるんです（古典落語「鹿政談」より）。

ちょっと脱線します。その奈良公園にわんさかいる鹿ですが……みんな「鹿せんべい」が大好きで、観光客が鹿せんべいを買って手にした途端に、群がってきますよね。

でもあれ、おかしいと思いませんか？　鹿せんべい屋は露店なんです。鹿せんべいが店頭に剝《む》き出しの状態で置いてあるんです。それに手を出さずに客の手に渡った瞬間に群がるんです。

つまり、鹿は「食べていい鹿せんべい」と「食べちゃダメな鹿せんべい」をわかってるってことですよね？

気になったので、インターネットで調べてみたんです。「鹿せんべい.COM」で（そんなのないって）。

そうしたら昔はよくあったそうです。鹿による、鹿せんべい屋襲撃事件。そんな中、鹿せんべい屋のおばちゃんがお客の見えないとこで鹿を教育して「おばちゃん怖い」のイメージを植え付けたとか書いてありましたが、一つ興味深い説がありました。

鹿せんべい屋の売り上げというのは鹿の保護に充《あ》てられているそうです。芝を植えたり、傷ついた鹿の治療費だったり……だから鹿は、欲望に負けて鹿せんべい屋の鹿せんべいを食べてしまうことが、後に自分たちの首を絞めるということをわかっているんですって。

すごくないですかこの説。

これが本当だとすると、鹿は頭いいんですね。バカじゃないんですね。バカって「馬鹿」って書きますけどね。

さすが、神の使いと言われるだけのことはあります。

さて、本編に戻ります。

タケミカヅチは、地上世界の親方ことオオクニヌシのいる出雲国《いずものくに》（島根県）の稲佐《いなさ》の浜（出雲大社のすぐそばにあるよ）までやってくる。

でっけー剣を抜き、逆さまに波の上に立て、剣先にあぐらをかいて座ります（えっ？　ケツ大丈夫？　血出ない？　痔《じ》持《も》ちには辛いよ）。

そしてオオクニヌシをカツアゲします。

この舞台となる稲佐の浜は、いなさ（否、然）。

つまり国を明け渡すのか？　イエスかノーかという意味です。

**タケミカヅチ**「うらーー‼　ここの大将、オオクニヌシってのはてめーだな⁉　この国よこせ！」

**オオクニヌシ**「うわー‼　何そのポーズ！……お尻大丈夫ですか？」

**タケミカヅチ**「るせー！　ケツ鍛えてあんだよ！　いいからこの国よこせっての！」

**オオクニヌシ**「あなたがひょっとして黄門様ですか？」

**タケミカヅチ**「そうそうケツだけにコウモン（黄門・肛門）様って、やかましわ！　控えおろう！」
**オオクニヌシ**「何でこの国が欲しいんですか？」
**タケミカヅチ**「知らねーよ！　アマテラスさんに言われて来たんだよ！　あの人怒ると怖えーから、大人しく言うこと聞けや！」
**オオクニヌシ**「そんなこと言われましても……息子に聞いてみてもらってもいいですか？　コトシロヌシってのが今、岬《みさき》で釣りしてると思うんで」
**タケミカヅチ**「よーし！　呼べそいつ！」

コトシロヌシは、国作りの時に生まれた神様（第十四話参照）です。

コトシロヌシは美保ヶ崎《みほがさき》（現・島根県美保関町《みほのせき》にある地蔵崎《じぞうざき》）というところで釣りをしていました。現在、このあたりにはコトシロヌシがまつられている美保《みほ》神社があります。

ちなみに、コトシロヌシは、後に大陸から七福神信仰が伝わってきた時に、エビス様と習合（合体）します。なので、エビス様＝コトシロヌシとなります。

そしてオオクニヌシは、「大国主」の「大国」を音読みするとダイコクとなるので大黒様＝オオクニヌシとなります。

コトシロヌシはエビス様なので、**ご利益は商売繁盛**。

また、コトシロヌシは「言代主」とも書きますので、文字どおり「言葉を代弁する」神様です。託宣《たくせん》（神のお告げ的な）の神様なので、**言葉を扱う商売の人にもご利益**があるようです（まさに落語家だね！）。

言葉を扱う神様なので、オオクニヌシはコトシロヌシに答えを委ねたんですね。

そうそう、コトシロヌシは英語も得意なんです。

エービースー（ＡＢＣ）ってね！

………。

さて、コトシロヌシが呼ばれてやってきました。

**オオクニヌシ**「コトシロヌシ、ちょっと話があるんだよ」

**コトシロヌシ**「何だよ父ちゃん？　さっき大物が釣れそうだったのにさあ。呼ばれたから逃しちゃったよ！」

**オオクニヌシ**「ごめんごめん。ちょっと耳貸して。（ひそひそ声で）この〝ケツ大丈夫かおじさん〟がこの国くれって言うんだけど、どうする？　ヤだよね？」
**タケミカヅチ**「おい聞こえてんぞ！　誰がおじさんだ！　お兄さんと呼べ！」
**オオクニヌシ**「すみません！（ひそひそ声で）どうする？　こんな感じで怖いおじさんだけど」
**コトシロヌシ**「父ちゃん、このおじさんにこの国あげよう！」
**オオクニヌシ**「えー!?　まさかの答え！……っておいっ！　コトシロヌシ！　どこへ？」

コトシロヌシは海に飛び込んで、死にました（急な展開）。
エビスさんは後に生まれ変わって、ギャンブル好きの漫画家となります（ウソです）。

この部分、『古事記』には、コトシロヌシは天の逆手《さかて》を打って（手の甲同士を叩《たた》く呪いの所作）、自分が乗ってきた船を青柴垣《あおふしがき》（木で作った垣根）に変えてその中に隠れたとあります。青柴垣は一旦入ると出られないものなので、コトシロヌシは自殺したのではないかという見方もあります（諸説あり！）。

このエピソードにちなんで、今でも島根県の美保神社では**「青柴垣神事」**という壮大なお祭りが行われています。

毎年4月、コトシロヌシ役になる人を決めて、コトシロヌシをその人に憑依《ひょうい》させ、様々な儀式をして、最後は船上にある青柴垣に入り、秘密の神事をします。それを終えるとコトシロヌシは一旦死んで、生まれ変わることによってまたその年の新たな霊力を授かるそうです。

さあ、息子が目の前で死んで、オオクニヌシは驚きます。

**オオクニヌシ**「えっ？　どゆこと？　この国あげるにしても何で自殺したの？　意味わかんないないなーい！」

**タケミカヅチ**「おれも何も死ぬことないのにと思って驚いちゃったよ。命は大切にねって言いたかったよ」

**オオクニヌシ**「うきゃー!!」

**タケミカヅチ**「……息子が死んで取り乱してるとこ悪いんだけどさ、お前の息子の遺言では、この国くれるってことでいいね？」

**オオクニヌシ**「いやいや、おまちください！　もうひとり息子いますんで！　そいつに聞いてからにしてください！」

さて、この息子、一筋縄ではいかないのです。

いよいよ国譲りのクライマックスです。

# 第十九話 能力者タケミカヅチ

続いてタケミカヅチは、オオクニヌシの次なる息子である**建御名方神**（タケミナカタノカミ。以下、**タケミナカタ**）の意見を聞くことになります。

そうこうしているうちに、千人の力でようやく動かせる岩を手にもって遊びながら、タケミナカタがやってきました（これは強そうだぞ）。

**タケミカヅチ**「おーい！　お前か、タケミナカタってのは。おれと似た名前してんじゃねーよ！　この国よこせや！」

**タケミナカタ**「何だチミは！（志村風）お前なんかにこの国を渡すか！　おれの力、なめんなよ。勝負だ！」

これが日本初の力比べ、相撲《すもう》の発祥と言われております。

タケミカヅチがタケミナカタの頭をビール瓶《びん》で殴り、タケミナカタは頭をホチキスで縫って……ではなく！

タケミナカタがタケミカヅチの手を摑むと、その手が氷の柱に変化します。

**タケミナカタ**「冷たっ！　何だこりゃ！　もしかして悪魔の実の能力者か⁉（ヒエヒエの実かな。©ワンピース）」

**タケミカヅチ**「驚くのはまだ早いぜ」

今度はタケミカヅチの手が剣に変化します。

**タケミナカタ**「えー⁉　ヒエヒエの実かと思ったらスパスパの実か⁉（©ワンピース）」

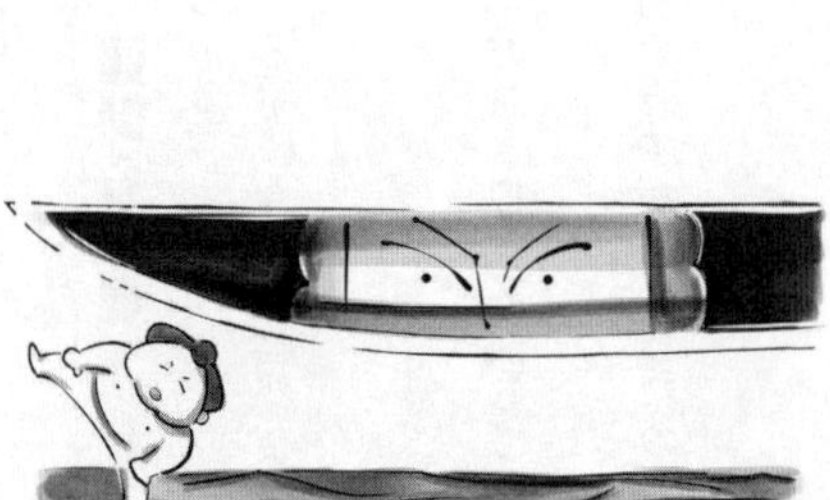

**タケミカヅチ**「覚悟しろぉ！」

タケミカヅチの手刀（マジの剣だけど）が、タケミナカタを襲う！
今度はタケミカヅチがタケミナカタの手を摑み、思いっきり握ります。

**タケミナカタ**「うう……痛い！　くそっ！　おれの手も剣に、なれー!!」

……ならない！
そりゃ気合いだけで手が剣になるもんか！
子どもの頃はみんながみんな、手からカメハメ波出ろと願ったけど、出ないもん！

**タケミナカタ**「くそー！　おれに覇気があれば……（もうワンピースから離れろって）」

タケミナカタの手は握り潰され、体を投げ飛ばされます（千人の力もってるのに！）。

**タケミナカタ**「こいつはマジヤベー‼　歯が立ちましぇん！　こうなりゃ……逃げるが勝ちゃー」

タケミナカタ逃げる！
タケミカヅチ追う！
長野県の諏訪湖《すわこ》の方まで逃げていきます（島根から長野って、めっちゃ逃げたな）。

**タケミナカタ**「もう勘弁してくださーい！　許してください！　もうこの土地から一歩も出ませんからー‼　もちろんこの国は差し上げますので」

さっきまでの勢いはどこへやら。
こうして、タケミカヅチが勝利します。
タケミナカタは、この地に留まることになりました。

そんなわけでタケミナカタは、長野県の諏訪大社にまつられています。諏訪大社は、「御柱祭《おんばしらまつり》」という日本三大奇祭で有名です（でっかい柱に乗って坂を下ったり、死者も出るくらい危険なお祭り）。

タケミカヅチには負けてしまったけど、力が強いので、**勝負事にご利益**がある神様です。

ちなみにタケミナカタは、タケミカヅチに最後に一言だけ謝ったそうです。

**タケミナカタ**「諏訪だけに、スワン！」

そしたらまた投げ飛ばされたそうです（ウソです）。

タケミカヅチは、オオクニヌシのいる出雲へ戻ります。

**タケミカヅチ**「うらー！　オオクニヌシ！　タケミナカタの野郎も、この国くれるって。いいかコラ！」

**オオクニヌシ**「はいー！　でしたら従います従います！　差し上げます！　だから乱

暴しないでください！……この国は差し上げますが……でもその代わりに……1コだけ条件いいですか？」

**タケミカヅチ**「何だとこのやろー!!」

**オオクニヌシ**「ひゃっ！　すみません！　これだけやって頂けたら、この国はちゃんと差し上げますので」

**タケミカヅチ**「けっ、一応、言ってみろ」

**オオクニヌシ**「ワタシを天に届くほどに高くそびえる、立派な宮殿に住まわせて頂けないでしょうか……？」

**タケミカヅチ**「な、に、をー!!」

**オオクニヌシ**「うわー！　すみません！　生意気なことを！　言ってみただけでして！　ほんとすみません！」

**タケミカヅチ**「いいよ」

**オオクニヌシ**「いいんかーい！　じゃ、お願いしまっす！」

というわけで、オオクニヌシがまつられたのが、**島根県の出雲大社**です。

「いずもたいしゃ」は俗称で、正式名称は「いずもおおやしろ」と言います。

**超有名な縁結びの神様**です。

ちなみに出雲大社のすぐそばに、シンガーソングライターの竹内まりやさんの実家があります。

すごいと思いませんか？　神社なのに、マリア（まりやだけど）。これは不思議なピーチパイですね。

ちなみにボクは、定期的に「かんたん日本神話の落語会」というのをやってます。古代史のあらゆるテーマをおもしろおかしく笑いを交えながら講義する会です。「出雲大社」のテーマで90分くらいしゃべります。

出雲大社って、ほんとおもしろいんです。

まつられているオオクニヌシが拝殿の中で横を向いているため、出雲大社では前から拝むのは正式ではないとか、しめ縄の向きが他の神社と反対とか、参拝方法がなぜ二礼「四」拍手一礼なのかとか、当時50メートル近くもあったと言われる本殿を（今は半分の24メートル）、古代人がどうやって建てたのかとか……。

気になる方は、ぜひボクの出雲大社講演においでください。

……話してる間についコマーシャルを入れてしまうのが、ボクの悪いクセなんです。落語を話している最中でも、コマーシャルしちゃう時があります。だから落語仲間からは「竹千代の落語は実演販売」「すぐ会の宣伝しやがって、お前はほんと金儲けが好きだなあ」なんて言われます。

そういう意味では、竹千代も出雲大社も……エン（縁・円）で結ばれております（うまいっ！）。

……ささ、ととのったところで以上が**日本神話の「国譲り」というエピソード**でした。

オオクニヌシが主人公の出雲が舞台の物語はこれでおしまいです（お疲れっした！）。

こうして日本は、高天原にいるアマテラス軍団のものとなります。

アマテラスは、日本の統治者を地上へと送ります。

ここから舞台が九州へと移り、**「天孫降臨《てんそんこうりん》」**神話に入っていきます。

# 第二十話　コーヒーの神様

高天原より派遣されたタケミカヅチによって、地上世界はアマテラス軍団のものとなりました。

**アマテラス**「いよーし！　でかしたわよタケミカヅチ！　オシホミミちゃ〜ん、地上世界は平定されて逆らうヤツいなくなったから、統治頼んだわよ！」

**オシホミミ**「はじめにママに地上へ行けって言われた時からもう10年以上経ったんで（アメノホヒ三年ワカヒコ八年だからね）、忘れてたよ」

**アマテラス**「確かにあいつらのせいで時間かかったけど……行ってくれる？」

**オシホミミ**「実はその間に子どもが生まれたんで、我が子に行かせてもいい？」

**アマテラス**「えっ！　息子が生まれたってことはアタシの孫や一ん！　大泉逸郎《おおいずみいつろう》や一ん！　よく何年も隠してたわねぃ！　きゃわい〜!!　行かせたくない〜！　アンタが

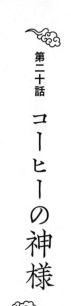

行ってよ」

**オシホミミ**「いや、やっぱ若い人が行った方がいいと思うよ。ホラ、かわいい子には旅をさせろって言うじゃない（めんどくさいから行きたくねー）」

**アマテラス**「ん～……それもそうね、これも社会勉強だと思って行ってもらおうか！　小さいうちから英才教育よ！　そうと決まったらまごまごしちゃいられないわね（もちろん孫だけにね）」

　というわけで、アマテラスの孫である**邇邇芸命**（ニニギノミコト。以下、**ニニギ**）とお供の一行が、地上へとやって参ります。

「天」照（アマテラス）の「孫」なので「天孫」。

これが**「天孫降臨《てんそんこうりん》」**です。

なぜ子どもではなく孫を遣わしたのか？　これは

『古事記』編纂《へんさん》当時の政治情勢が関係しているのではないかと言われています。天皇の後継者は、通常その直接の子どもがなるわけですが、その子が皇位に就く前に死んでしまったために、孫が継ぐことになった例（孫が成長するまでお母さんや叔母さんが中継ぎで即位）が、この時期に、あるんです。「祖父母↓孫」という継承を正当化するために神話に反映させたという説もあります。

さて、高天原からニニギが降りようとすると、下の方からまばゆい光が差し込んできます。

**ニニギ**「……ん〜？　何かまぶしいな。何かいるな下に。ねえ、ウズメちゃん見てきてちょ」

**ウズメ**「はーい！」

ウズメは、アマテラスの岩戸隠れの時に裸踊りした、女性の神様（第七話参照）です。

**ウズメ**「おーい！　そこに誰かいるのー？　めっちゃ光ってるってことは、めっちゃハゲてんのー？」
**??**「めっかっちゃった！」
**ウズメ**「さんまさん？　アンタ誰？」
**??**「私は**猿田彦神**（サルタヒコノカミ。以下、**サルタヒコ**）と申します！」
**ウズメ**「へー！　コーヒー好き？」
**サルタヒコ**「そうそう、猿田彦珈琲がね……って違いますよ！」
**ウズメ**「あんまりツッコミは焙煎《ばいせん》されてないね」
**サルタヒコ**「いやどんな意味ですかそれ！」
**ウズメ**「じゃさよなら」
**サルタヒコ**「ちょっとラテ！」
**ウズメ**「マテでしょ！　やっぱコーヒー好きなんじゃない」
**サルタヒコ**「いやっ……つい」
**ウズメ**「で、何なのアンタ？」

**サルタヒコ**「天上世界から尊い神が来られるというのをお伺いしまして、地上までご案内しようと参じました」
**ウズメ**「それは助かる！　ありがとうコーヒー屋さん」
**サルタヒコ**「はい、コーヒーだけにマメなんです」
**ウズメ**「……よくわかんないけどよろしくー！」

こうして**サルタヒコ先導のもと、ニニギ一行が地上世界へと参ります**。

ちなみにサルタヒコは、市境とか区境とかいった境界、あるいは道の分岐点などの角にある神社にまつられています。道祖神《どうそじん》（村境や道端にある石像、祠《ほこら》）としてもサルタヒコがまつられております。

サルタヒコは道案内をした神様なので、**交通安全の神**であり、また**「道開き」の神**でもあります。

新たなことにチャレンジする時は、サルタヒコにお願いすると道が開けるかもしれません。

サルタヒコがまつられる総本宮は、三重県鈴鹿市にある椿大神社《つばきおおかみやしろ》です。この境内に、松下幸之助社がありますｍ。まつられているのはあのパナソニック創業者である松下幸之助。「経営の神様」として鎮座しています。神様名は「松下幸之助命（マツシタコウノスケノミコト）」（そのまんま）。

**アマテラス**「あっ、そうだニニギちゃーん！　これをアタシだと思ってもってきなー」

**ニニギ**「わかったよばあばー！」

**アマテラス**「ババアって言うんじゃないわよ！」

アマテラスばあばから授けられたのが、八咫《やた》の鏡《かがみ》、八尺瓊《やさかに》の勾玉《まがたま》、そして天叢雲《あめのむらくも》の剣《つるぎ》（別名、草薙《くさなぎ》の剣《つるぎ》）です。

勾玉と鏡はアマテラスの岩戸隠れの時（第七話参照）に、天叢雲の剣はヤマタノオロチ退治の時（第九話参照）に出てきたものです。

この3点セットが「三種の神器」と呼ばれ、この時から三種の神器が皇位継承の証となるわけです。

このうち、特に鏡を「アマテラス自身だ」と言ったことから、伊勢神宮には鏡がまつられています。

ちなみにこの三種の神器ですが、後の時代——源氏と平家の最終合戦、「壇ノ浦《だんのうら》の戦い」の時に、安徳《あんとく》天皇（当時満6歳）とともに海底に沈んでます。

後に勾玉と鏡は回収されたけど、剣は見つからなかった。

だから現在、熱田神宮《あつたじんぐう》にまつられる草薙の剣（ヤマトタケル伝説に依ります。それはまた別の機会に）はレプリカとする説もあります（でもホンモノと信じたい）。

安徳天皇は幼くして入水《じゆすい》（水の中に身投げして自殺することね）を余儀なくされたため、これを怨霊鎮魂《おんりようちんこん》（不幸な死を遂げるとタタリ神になってしまうからそれを鎮める）するためにまつりあげます。すると水神様《すいじんさま》となります。

だから全国にある「水天宮《すいてんぐう》」にまつられているのは、安徳天皇なのです。

子どもの神様なので、**安産**、**子宝のご利益**があります。

さてと、話を戻します（キュルキュルキュルキュル……って昔のビデオか）。

天孫降臨《てんそんこうりん》の時にニニギにお供した神々は、オモイカネ、コヤネ、フトダマ、ウズメ、タヂカラオなどです。いずれもアマテラスの岩戸隠れの時に活躍したスタメン達だったのを覚えていますか？　おいしいところに出てきます。

彼らの子孫が、朝廷の祭祀《さいし》において重要な役割を占める氏族となります。

さあ、ニニギ一行がサルタヒコに導かれて降臨した先とは？

# 第二十一話　一緒になっちゃいなＹＯ！

ニニギノミコト一行は、宮崎県の**高千穂峯**《たかちほのみね》に降り立ったと言われています。

実は「高千穂」というのは宮崎県に２ヶ所あります。

宮崎県北の「高千穂町」と、県南の鹿児島県との境にある「高千穂峯」です。

天孫降臨したのは、県南の方かもしれません（諸説あり！）。

それが証拠に、ニニギが国家安穏《あんのん》を願って立てた**天逆鉾**《あめのさかほこ》（日本三奇のひとつ）が、高千穂峯の山頂に刺さってます。これ自体が、高千穂峯の麓《ふもと》にある霧島東《きりしまひがし》神社の御神《ごしん》体《たい》となっています。

現在刺さっているのはレプリカで、本物は壊れてしまい、その破片が地中に埋まっているらしいです。

ちなみに幕末の英雄（エーユー。ドコモじゃなくて）坂本龍馬《さかもとりょうま》が、妻のお龍《りょう》との新婚旅行（日本初のハネムーンとも言われるよ）の時に霧島を訪れた際、高千穂峯に登ってこの天逆鉾をイタズラで抜いたそうです。

もちろん抜いちゃダメなんです。神聖なものですから。

多分ですけど、だからタタリが起きて殺されちゃったんじゃないでしょうか。

龍馬と言えば、土佐藩《とさはん》。土佐は高知県ですよね。高知県の偉人と言えば、やなせたかしさんです。アンパンマンの作者です。だから龍馬も「アン」殺されちゃったんですかね(もうええわ)。


ニニギは高千穂のくじふる嶺《たけ》に降臨します。

「うん、ここ日当たりいいね。ここに住もう!」と引っ越しを「日当たり良好」の一発で決め、住むための宮を建てます(日当たり大事だけどね)。

**ニニギ**「そうだ、ウズメちゃーん! あの案内してくれたサルタヒコなんだけどさ、何かふたりお似合いじゃない? コーヒーのやり取りとか見てて面白かったし。付き合っちゃいなよ」
**ウズメ**「えっ!? いや、そんな、向こうの気持ちもありますし」

**ニニギ**「ほーら、まんざらでもねーじゃん！　いーじゃん、コーヒー好きでしょ？　ｙｏｕ付き合っちゃいなｙｏ！」
**ウズメ**「ん〜でも……」
**ニニギ**「自分の気持ちに目を覚ませって。コーヒーだけに！」

　というわけで、サルタヒコとウズメちゃんが夫婦となります。

　ここからウズメちゃんを「サルメ」と言うようになりますが、これはサルタヒコと結婚したからなんです。猿の女で猿女《さるめ》です。

　アマテラスがまつられている伊勢神宮のすぐそばに、猿田彦《さるたひこ》神社があり、その境内に佐瑠女《さるめ》神社があります。

　夫婦仲良くまつられてるわけですが、佐瑠女神社は芸能の神様です。ボクが佐瑠女神社のお守りを常

に携帯しているのは、第七話で話したとおりです（現状維持！）。

しかしサルタヒコは、三重県の海辺で漁をしていた時、貝に手を挟まれて海で溺《おぼ》れて死んじゃいます（神様あっけない！　オーマイゴッド）。

オオクニヌシのお母さんがいてくれたら、また生き返らせてくれるんだろうけど、もう出雲神話終わっちゃったのよね（ノーコンティニュー）。

さて、ウズメちゃんが海で魚達を集めます。

突然謎の行動ですが、『古事記』に書いてあるんです。夫を海で亡くしたのと関係してるんでしょうか。

**ウズメ**「お前達はもちろんアタシ達、アマテラス軍団に仕えるよねー？」
**魚A**「もちろんお仕えするっす！」
**魚B**「ボクもっす！」
**魚C**「アタシもです！」

**魚D**「オラもだす！」
**魚E**「アタイもよ～ん！」
**魚F**「……」
**魚G**「オイラもだ！」
**魚H**「ワイもや！」
**魚I**「拙者もでござる！」
**魚J**「おいどんもでごわす！」
**ウズメ**「ちょっと待て！　１匹だけ返事しなかったヤツいたぞ。おい魚Ｆ！　バレてんだよ！　お前もアタシ達の言うこと聞くか？」
**魚F**「………」
**ウズメ**「こらー！　さっきよりてんてん増えてんじゃねーか！　シカトしてんじゃねーぞ！　その開かない口切ってやらあ！」

ウズメは小刀で魚Ｆの口を切りつけます。
彼の正体はナマコでした。

ナマコの口が裂けているのは、ウズメがこの時に切ったからだとされています（ナマコ酢うまいよね）。

ちなみに、ニニギが降臨した場所ですが……鹿児島県南さつま市にもその伝承地があります。黒瀬《くろせ》海岸という場所ですが、地元の人からは「神渡海岸《かみわたり》」と呼ばれています。天上世界の神様として描かれてはいますが、実際は海の彼方からやってきたのではないかという説に基づいて降臨地が海岸と言い伝えられているわけです。ここにはニニギ上陸の石碑もあります。さて、どっちが正解なのでしょうか？

……それこそ神のみぞ知るってわけですけど、最近はありがたいことに古代史や神話の講演のお仕事を全国で頂けるようになりまして、宮崎県でも、鹿児島県でもしゃべらせて頂く機会があります。「ニニギの降臨地はどこだと思いますか？」って聞かれたら、宮崎での講演の時は高千穂、鹿児島の時は神渡海岸と言うことにしてます（カメレオン落語家とお呼びください）。

さて、無事に地上に降臨したニニギは、絶世の美女に出会います（ムフフ）。

# 第二十二話　ホントに姉妹ですか？

ニニギが笠沙之岬《かささのみさき》（鹿児島県に伝承地あり）を歩いていると、ひとりの絶世の美女に出会います。

その名は、**木花之佐久夜姫**（コノハナノサクヤヒメ。以下、**コノハナ**）。

**ニニギ**「うわっ！　めっちゃかわいい！　ねえねえ彼女～」

**コノハナ**「はい？」

**ニニギ**「キミのことめっちゃタイプなんだけど、付き合ってくんない？　オレさ、アマテラスの孫なんだけど」

**コノハナ**「えー！　あのキングオブゴッドの孫なのー!?　一緒になったら生涯安泰だわ！……めっちゃ付き合いたい！……けど待って。ウチのパパがめっちゃ厳しいの。パパに聞いてからでいい？」

**ニニギ**「パパ厳しいんだ？　ま、アマテラスの孫って言えば大丈夫っしょ！」
**コノハナ**「いや、パパはそういうブランド志向ないから普通にオトコとして見るんだよね」

ニニギは、コノハナのパパこと**大山祇神**（オオヤマツミノカミ。山の総親分。以下、**オオヤマ**）のところへ参ります。

**コノハナ**「パパ、この人にさっき岬でナンパされてさ～、何かアマテラスの孫なんだって。どう？　付き合ってもいい？」
**オオヤマ**「……何だと？　アマテラスの孫だあ？」
**ニニギ**「（うわっ！　怖そうなオヤジだな。天孫ブランド通用しねーかも）……いや、あの、ただの友達でして……その」
**オオヤマ**「いいよ」
**ニニギ**「えー！……いいんすか？　そんなに怖い顔なのにやさしいのね」
**オオヤマ**「アマテラスさんの孫なんて最高じゃな～い（これでウチも安泰だな）。どうぞこれからは親戚付き合いを」

**ニニギ**「あっ……ありがとうございます！（意外と現金だな）」

**オオヤマ**「ニニギさん、実はこの子に姉がいまして、一緒にもらってはくれませんか？」

**ニニギ**「いやそんな、ついでにポテトいかがですか？　みたいな感覚でもらっちゃっていいんですか？」

**オオヤマ**「構いません。ウチのお姉ちゃん、いい子なんですがなかなか男に恵まれませんで。おーい、**石長姫**～（イワナガヒメ。以下、**イワナガ**）。やっと王子様が現れたぞー！」

**イワナガ**「ふぁ～い、パパ～」

　ニニギは、心を躍らせます。

**ニニギ**「こんな美女のお姉さんだからな、どんだけキレイなんだろー!?　一気に美女2人ゲットだぜ！　ありがてぇ！」

……が、やってきたイワナガの顔を見て驚愕します。

**ニニギ**「うわー!! めっちゃブサイク〜!……おかめ?」

**オオヤマ**「何ですと?」

**ニニギ**「あっ、お父さんすみません、つい本音が……いや、すみません、てか……えっと、こんなこと言ったらあれですけど……ホントに姉妹ですか?」

**オオヤマ**「どういう意味ですか?」

**ニニギ**「いやっ……何でもないです、すみません!」

**オオヤマ**「どうです、イワナガももらってくれませんか?」

**ニニギ**「いや、すみません……はっきり言ってタイプじゃないのでお断りさせて頂きます!」

**イワナガ**「えーん!! またふられたー!! 何で妹ば

っかりモテるのよ～！　何でアタシだけブサイクなのよー！」
**コノハナ**「お姉ちゃんはブサイクなんかじゃないわ！　アタシが美人すぎるだけなの！」
**イワナガ**「よく自分で言えるな！　くやじぃ～！」
**オオヤマ**「イワナガは悪くない！　お父さんお母さんのいい部分がコノハナに偏ってしまって、お前には悪い部分が集まってしまっただけだ！」
**イワナガ**「パパ、それ全然フォローになってない～！　うわ～ん!!」

イワナガ、かわいそうですよね。容姿が醜いと言われ、突っ返されてしまったんです（神なのに塩対応）。
もしイワナガが落語の小噺《こばなし》に登場する奥様だったらこうなるでしょう。

**その①**
美術館にて。
**イワナガ**「ねぇ、この絵はモネでしょ？」

**係員**「いいえ奥様、こちらはシャガールでございます」
**イワナガ**「シャガールね。聞いたことあるわね。その隣は、ゴッホよね？」
**係員**「いいえ奥様、こちらはゴーギャンでございます」
**イワナガ**「ゴーギャンね。あっ、その隣のこれは有名よね、これは知ってるわ。これピカソでしょ？」
**係員**「いいえ奥様、こちらは鏡でございます」

**その②**
**奥様A**「ねぇ知ってる？ イワナガさんの奥様、交通事故にあっちゃって、顔がぐちゃぐちゃになっちゃったらしいわよ」
**奥様B**「あら～！ お気の毒にね」
**奥様A**「でも名医の先生がいらっしゃって、すっかり顔が元どおりになったんですって」
**奥様B**「お気の毒にね」

……ブラックな小噺でした。


そしてこのエピソードは、日本神話のある象徴となっています。

この世に生きとし生けるものが栄えますように……という意味を込めたコノハナ。

その栄華が岩のように永遠に続きますように……という意味を込めたイワナガ。

ニニギがコノハナを得たけど、イワナガを突っ返してしまったことが、**万物が栄えてもいずれ死ぬ、散るということの原因になっている**そうです。

「上がれば下がる」というのは、何でもこれが原因だというわけです。だから落語会で、ウケる時もあればウケない時もあるのは、ニニギのせいです（オマエのせいだろ！）。

苦情は芸人ではなく、鹿児島県の霧島神宮《きりしまじんぐう》（ニニギがまつられてます）までお願いします。

そして神々に寿命ができたのも、ニニギのこの行いが原因だと『古事記』では説明されています。

なので、ニニギ以降に誕生した神様には皆、お墓があります。

アマテラスやオオクニヌシには、まつられる神社はあってもお墓は存在しません。イザナミはカグツチに殺されてしまったのでお墓はありますが、殺害されなければ、神に寿命はなく、死なないのです。

本来は、神々は永遠の存在だったわけです。はかない（墓無い・儚い）存在なんです（拍手～！）。

ちなみにニニギの墓は、伝承地がたくさんあります。鹿児島県の新田《にった》神社の裏にある可愛山陵《えのみささぎ》がその一つです。明治時代初期に起こった士族の反乱「西南戦争」の時にリーダーの西郷《さいごう》さんは、明治政府に追われて、このニニギ陵の近くに陣を張りました。神様のお墓の近くでは鉄砲も大砲も撃つことはできまいと思ったのでしょう。まさに神に助けを求めたんですね。

もう一つ、ニニギの墓の伝承地として有名なのは宮崎県にある西都原《さいとばる》古墳群の男狭穂塚《おさほづか》です。西都原古墳群は、古墳が約３００基もある古墳密集地帯です。この男狭穂塚の隣には、女狭穂塚《めさほづか》があって、ここはコノハナの墓とされています。夫婦仲良く眠っているのでしょうか。

しかし、ニニギはイワナガに対してひどい対応をしましたよね。一説によれば、ニニギはイワナガの顔に唾を吐いたとも言われております（ひどい！　トラウマになりそ！）。イワナガヒメは、汚い唾をかけられたので、すぐ風呂に入って流したそうです。

これを「ツバとバス」と言います（よっ！）。

イワナガヒメは、自分の顔を銀の鏡で見て嘆いて、鏡を放り投げたそうです。その鏡が落ちたところは、白い輝きで照らされたことから白見《しろみ》と言うようになり、やがて銀鏡《しろみ》という地名になったそうです（宮崎県にあり）。

イワナガ、キミがシロミの語源なのね（ややこしい！）。

かわいそうなイワナガですが、物語はニニギ＆コノハナで進みます。

## 第二十三話　いきなり三つ子はきちーって！

ニニギ&コノハナは夫婦となりました。彼らが初めて宮を構えた場所と伝わるのが、鹿児島県南さつま市の「笠沙宮跡《かささのみやのあと》」です。ここには**「日本発祥の地」という石碑**もあります。

この宮殿で夫婦生活を始めたある日のこと、ニニギはコノハナから衝撃の告白をされます。

**コノハナ**「ねえ、あなた。ちょっと話があるの」

**ニニギ**「どうした、改まって？」

**コノハナ**「アタシ……デキちゃったみたいなの」

**ニニギ**「えっ⁉　ウソだろ？　ちょっと待てよ、まだ遊んでたいのに、子どもまだ欲しくねーって、まだ自分の時間欲しいって、……てかちょっと待て……！　あの日？

1回しかしてないよね？　ウソウソウソ！　それぜってーオレの子じゃねーって！　オマエ浮気したんだろ？」
**コノハナ**「アタシが浮気なんかするわけないでしょ！　アンタじゃないんだから」
**ニニギ**「誰が浮気してるだと⁉　とにかくそれはオレの子じゃない！」
**コノハナ**「間違いなくあなたの子です」
**ニニギ**「ネコじゃねーんだから、一晩ではらむのおかしいだろ！」
**コノハナ**「……いいわ、もうやめましょ。これ以上やってもネコだけに、いたちごっこよ。正真正銘あなたの子だってわからせてあげるわ」
**ニニギ**「……どうやって？」
**コノハナ**「この部屋に火をつけて、その中でこの子を生むわ。もし、あなたの子ならちゃんと無事に生まれるはずよ！」
**ニニギ**「……何で？」

めっちゃＷｈｙ？　なやり方だけど、ヒステリックになってるコノハナは怖いから、もう従うしかないよね。

どうやら、神の子なら、どんな状況でも生まれるってことらしいです。
ニニギは家の外から見守ります。

**ニニギ**「いやーどゆこと？　これ一体どゆことなの？　ホントにオレの子だったとして、それはそれで危なくね？……でもアイツなんか怒っちゃってるかんなー、任せるしかないか」

コノハナは、出入口を塞《ふさ》いで家に内側から放火します。

**コノハナ**「うわちっ！　あっち！……うわー！　自分であんなこと言っちゃったけど！　うわちっ！　やめときゃよかった！」

熱い中で出産は大変ですよね。
ボクも熱い中で落語は大変ですから。
実は、岩盤浴で落語やったことあるんです。

岩盤浴室内ですよ？　40℃ある中で1時間やってくれと言われまして。ご飯食べるところとか、脱衣所とか、他にスペースいくらでもあるのに、敢《あ》えてそこでやってくれって言うんです。

そこの支配人が、ちょっと変わった方だったんです。チラシに「日本初！　岩盤浴○○！」と書きたいがために、岩盤浴室内でよくイベントしてるらしいんです。そりゃ日本初ですよね。そんなバカな発想、誰も思いつきませんから（もうイッちゃってるよ！）。

着物を汗でびしょびしょにしながらやりました。熱演したら倒れてしまうので静かにやりました。もし倒れて死んだら殉職《じゅんしょく》です。階級特進して真打にしてもらいたいです。お客さんも笑うと酸欠になるから、笑わないようにするんです（誰が得するんだ！）。お客さんが倒れるのが先か、ボクが倒れるのが先か、我慢比べ大会です。

何とか全員無事に終わりまして、支配人がボクのところへやってきて、

**支配人**「竹千代さん、オモシロかったですね～」

**竹千代**「アンタだけだよ！」

**支配人**「次は浴槽内でやりましょう！」

次回は、湯船に浸かってやるようです。

「若い時の苦労は、買ってでもせよ」と聞きますので、日々チャレンジですね。

さて、コノハナは熱い火の中で出産を試みます。

**コノハナ**「ひ〜ひ〜ふ〜！　ひ〜ひ〜ふ〜！（火の中だからね！）」

**ニニギ**「がんばれ！　ファイヤー！」

格闘の末に……

オギャー！　オギャー！　オギャー！

ファイヤーベイビー誕生！

しかも〜……三つ子ちゃん!!

**ニニギ**「えー！　いきなり三つ子はきちーなー。いよいよ遊べないやーん！（そこかよ）」

長男：**火照命**（ホデリノミコト。以下、**ホデリ**）
次男：**火須勢理命**（ホスセリノミコト。以下、**ホスセリ**）
三男：**火遠理命**（ホオリノミコト。以下、**ホオリ**）

こうして、３柱の神々が誕生します。
どうやって出入口のない建物の、火の中から脱出できたかは、プリンセス天功《てんこう》に聞いてください。

**コノハナ**「あなたー！　どう？　ちゃんと生めたわよ。これで間違いなくあなたの子だってわかったでしょ？」
**ニニギ**「（確かめ方わけわからんけど……てかいきなり三つ子って、おい三つ子って！）……わかったよ」

コノハナのこの行いを、**「火中出産」**と言います。

この物語にちなんで、活火山である富士山が御神《ごしん》体《たい》である静岡県の浅間大社《せんげんたいしゃ》には、コノハナがまつられております（富士山頂に奥宮があるよ）。ボクも登って参拝してきました。山頂ではカップうどんの「赤いきつね」が800円で売ってました。迷わず買って食べました。普通のやつだけど、めっちゃおいしかったんです。これが800円なら容器も300円くらいの価値があるだろうと思ってもって帰りました（古典落語「千両みかん」みたい）。

子どもが生まれて大喜びしたコノハナの父・オオヤマは、酒を造ってふるまったことから酒の神様とも言われます。愛媛県にある大山祇《おおやまづみ》神社などにまつられています。

鹿児島県南さつま市に、火中出産の伝承地があります。竹屋《たかや》神社は、この火中出産を焼酎《しょうちゅう》の発祥と解釈して焼酎神社として地元の人に親しまれています。コノハナは酒

の神の娘だからイコール醪《もろみ》、部屋に閉じこもって火をかけて子どもを生んだというのは、「産《む》す」と「蒸す」をかけて焼酎の造り方を神話的に表現してるって言うんです。面白い解釈ですよね。ぜひとも子ども達に教えて欲しいです。特に小中（焼酎）学生に（イイネ！）。

さて次は、この生まれた三つ子のうちの、２柱の神様の物語です。

# 第二十四話 お気に、じゃなきゃイヤ！

ニニギとコノハナの間に、三つ子ちゃんが生まれました。

このうち長男のホデリは海の男で、通称を**海幸彦**（ウミサチヒコ。以下、**ウミサチ**）と言います。

三男のホオリは山の男で、通称を**山幸彦**（ヤマサチヒコ。以下、**ヤマサチ**）と言います。

ここからは、**「海幸山幸神話」**が始まります。

次男のホスセリは、なぜかこの後登場しません（かわいそう！）。

ウミサチは読んで字のごとく海の幸、ヤマサチは山の幸をとっていました。

ちなみに、ウミサチとヤマサチで、ピアノが得意なのはどっちだと思います？

正解はヤマサチです。

だって海派じゃなくて……山派（ヤマハ）だから（どかーん！）。

**ヤマサチ**「ねえ兄ちゃん！　たまにはさ、お互いの道具を交換して獲物とってみない？」
**ウミサチ**「えー！　やだよ。これ、お気にの釣り針だもんよ」
**ヤマサチ**「いーじゃん！　減るもんじゃないし。貸して貸してー！」
**ウミサチ**「ダメだよ、お前絶対失くすから！」
**ヤマサチ**「大丈夫！　絶対失くさないから～。お願い！　ちょっとだけだから貸して！　ね？」
**ウミサチ**「わかったよ、しょーがねーな。でも絶対失くすなよ」
**ヤマサチ**「ありがとー！」

　数時間後。

**ウミサチ**「おーい、そろそろ返してくれよ」
**ヤマサチ**「ぎくっ！……いやっ、その、もうちょっと借りても……いいかなぁ？」

**ウミサチ**「え〜？　もう何時間貸したと思ってんだよ。いいから返して」
**ヤマサチ**「いやっ、あのその、もう少しだけ、ダメかな？」
**ウミサチ**「何かお前……様子おかしいな？……ってまさか！　失くしたんじゃないだろうな⁉」
**ヤマサチ**「いやいや！　まさか！　失くすわけないじゃん！　ただ海に落として見つからないだけだよ」
**ウミサチ**「それ失くしたって言うんだよ‼　どあほーーー‼」
**ヤマサチ**「ごめーーーん‼……てかアレ、全然魚とれなかったからあんまいいやつじゃな……いやいや、ホントごめんちゃーーい‼」
**ウミサチ**「あれほど失くすなって言っただろ！　何としても捜せ！　そして絶対に返せ！」
**ヤマサチ**「はあい‼」

海は広いな大きいな。
ヤマサチがどれだけ捜せど、小さい釣り針が見つかるわけもございません。

仕方がないのでヤマサチは、自分の剣を砕いて５００本の釣り針を作って（器用だね）、ウミサチのもとへもっていきます。

**ウミサチ**「こんなもんいらねーよ！　お気にじゃなきゃイヤなんだーい!!」

ヤマサチは、更に１０００本の釣り針を作って、ウミサチのもとへもっていきます（その情熱あったら十分捜せそうだな）。

**ウミサチ**「何本もってきてもいらねーってんだよ！　あれじゃなきゃダメなんだよ！（どんだけお気になんだよ！）」

ウミサチは一向に許してくれません。

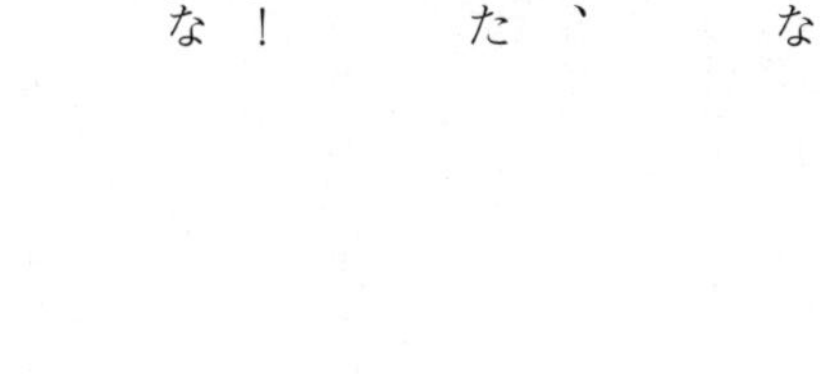

釣りが好きなのに、全く釣れない男です（言うてる場合か）。
ヤマサチは、頭を丸めて謝罪した方がよさそうですね（これがホントのボウズ）。

**ヤマサチ**「うわーん!! 許してよー!!」

ウミサチは、とにかくお気にの釣り針が見つかるまでは、と断固許しません（てかい、お気にの釣り針って何よ）。

ヤマサチは、浜辺に座り込んで泣いてしまいます。
すると、海の中からひとりのおじいさんが現れます。

**おじいさん**「ぷはー!! 地上だ！……おや？ 大の男が泣いておるな……もしもし兄ちゃん、失恋したか？ 女ってのは他にいくらでもおるから、くよくよするなって」

**ヤマサチ**「失恋て決めつけんな！ オレはこう見えて結構モテるんだ〜！……て、アンタ誰？」

**おじいさん**「ワシは**塩椎神**（シオツチノカミ。製塩、潮の神様。以下、**シオツ**

**チ**）じゃ」

**ヤマサチ**「しおじい？」

**シオツチ**「それだと元財務大臣の塩川《しおかわ》正十郎《まさじゅうろう》の愛称だから、シオツチじゃ。なぜ泣いとるのか、ワシにワケを話してごらん。ダテに年食っとらんから聞いてやるぞ」

**ヤマサチ**「……初対面のじいさんに話すのもなんだけど……聞いてくれる？　かくかくしかじか……」

**シオツチ**「かくかくしかじかって？」

**ヤマサチ**「そのまま読まないで！　実は、これこれこういうわけで……」

**シオツチ**「これこれこういうわけって？」

**ヤマサチ**「ちゃんと説明しなきゃダメなのね。兄ちゃんの釣り針を借りて釣りしてたら、その釣り針を海に落として失くしちゃって。捜しても見つからないし、謝っても許してくれないから、代わりの釣り針を１５００本もってったんだけどそれでも許してくれなくて。どうしてもお気にのそれじゃないとダメだって……」

**シオツチ**「お気にの釣り針って何？　限定品？」

**ヤマサチ**「いや、それが全然わからないんだけど……どうしたらいいのかって泣いてたんだ」

**シオツチ**「なーんじゃ、そんなことかい。ワシに任せんしゃい！」

シオツチが竹籠《たけかご》の小舟を作ると、そこにヤマサチを乗せます。

**シオツチ**「コイツで海の中へ行ってきなさい。この潮の流れに乗って、しばらくすると宮殿がある。そこに行けば、きっと釣り針も見つかるじゃろう」

**ヤマサチ**「え？　え？　海の中に宮殿があるってどゆこと？」

**シオツチ**「いいから余計なこと言わずに行けーー！」

こんな話にちなんで、シオツチは道案内・航海の神様でもあります。

彼がまつられる有名な神社は、宮城県の鹽竈《しおがま》神社です。全国にある鹽竈神社の総本宮がこちらです。

ちなみにこの鹽竈神社の末社《まっしゃ》（付属の神社）が、御釜《おかま》神社です。

この神社の境内に４口の釜があって、これがシオツチがこの地で製塩を伝えた時のものだとされているんです。だからこのあたりの地名を「塩釜《しおがま》」と言います。神の世から今に伝わっているというのは、地元のみな様のごセイエン（声援・製塩）のおかげでしょうね（ボクはゴセンェン欲しい）。

この４口の釜が実に不思議で、天逆鉾と並ぶ「日本三奇」の一つに数えられています。釜は鍵のかかった建物の中にあります。社務所の方に頼んで１００円納めると、鍵を開けて見せてくれます（写真はＮＧ）。

それぞれに水が入ってるのですが、どんなに暑い日でも干上がらず、どんなに雨が降っても溢《あふ》れないそうです。

この水に異常がある時は、天変地異が起きる前兆とされ、あの東日本大震災を予言したとも言われています。参拝した時に、そのことを社務所の方に伺いましたら、震災の日の朝、普段は赤茶色に濁っている水が透明になっていたそうです。古くは、伊達家に嫡男《ちゃくなん》（跡取り息子）が生まれた時にも水に異変があったそうです。いいことでも悪いことでも変化するんですね。信じるか信じないかはあなた次第です（キマった！）。

さて、ヤマサチが小舟に乗って、海底宮殿へと参ります。

これ実は、『古事記』には「海の中」に行ったとは明確には書いてません。

でもこの部分は、海の中の出来事と解釈されることが多いです。「海の彼方」という説もありますが、魚達もたくさん出てくるし、海の中の方が、ファンタジーで神話っぽいから「海の中」とさせてください。

さあ、海の中の世界とは果たして……⁉

# 第二十五話 教えてでんじろう！

ヤマサチは、シオツチに言われるがままに、失くしてしまった兄のお気にの釣り針を捜すべく、海中へと進みます。

これが、**浦島太郎の原型**とも言われております。

その証拠に、ヤマサチの本名は桐谷健太《きりたにけんた》といいます（ウソだよ）。

どんどん海底へ進んで参りますと、そこにはシオツチの言うとおり宮殿がありました。

ヤマサチは、宮殿の門のそばにある桂《かつら》（奇遇だね！　ボクも桂だ）の木に登って休憩します。

すると現れたのは、ひとりの女性です。女性がそこにある井戸から、器で水を汲《く》もうとすると、水面に映る人影を見つけます。

……え〜とすみません。

「海の中で井戸から水汲むってどゆこと？」というご質問は、井戸だけに深く掘り下げないでください。

「海の中なのに水面に影が映るっておかしくね？」という意見は、海だけに水に流してください。

もうここまで来たら、みな様が神話に慣れてきたものと信じて先へ進みます（心を鬼にして！）。

**女**「うわー！　びっくりした！　あなたは誰？」

**ヤマサチ**「水くれ！」

**女**「水……喉が渇いてるんですか？　じゃあこれ、どうぞ」

女性は器に水を入れて、ヤマサチに差し出します。

するとヤマサチは、水を飲まずに自分の首飾りを解いて玉を口に含み、器に唾《つば》と一緒に吐き出しました（突然の謎の行動）。

**女**「うわー‼　変な人だ！　変なおじさんだ！」

**ヤマサチ**「そうです！　アタスが変なおじさんで……違ーう‼　見てこれ」

ヤマサチの唾液の力で、首飾りの玉が器にくっついて離れない。

**女**「ぎゃー！　やっぱり変な人！　これ何で取れないの？　唾で！　キモいー！　何で～！　教えてでんじろう先生～！」

**ヤマサチ**「およよ」

**女**「大河内《おおこうち》の傳次郎《でんじろう》じゃなーい‼　助けてー！　**豊玉姫**（トヨタマビメ。以下、**トヨタマ**）さまー‼」

トヨタマは海の神の娘です。これが浦島太郎物語の乙姫《おとひめ》のモデルというわけです。

本名はもちろん菜々緒《ななお》です（ウソだって）。

この女性はトヨタマの召使いだったんですね。

**トヨタマ**「どうしたの？　およおよして」
**召使い**「傳次郎じゃないんです！　何か木の上に変な人がいまして。まああのイケメンではあったんですけど……器に唾吐いたら、この玉くっついて取れなくなっちゃって……何かとにかく変で！　これSNSに投稿したら絶対バズります！」
**トヨタマ**「あなたの言ってることよくわからないわ……とにかく変なユーチューバーがいるのね？　行ってみましょ」

トヨタマが表へ出ていくと、木の上にいるヤマサチを見つけます。
ヤマサチもトヨタマを見つけます。
見つめ合う視線のレーザービームその2（その1は第十二話）。
合体！……多分してます。古代で男女が「見る、会う」＝そゆことです（18禁！）。

ちなみに、鹿児島県指宿市《いぶすきし》に日本最古の井戸があって、ここがトヨタマとヤマサチの出会った地とされております。もちろん今は、井戸の中に水はないです。

さて、ピロートークもそこそこに、ふたりはすぐさまトヨタマの父のもとへ参ります。

このトヨタマの父が、**綿津見神**（ワタツミノカミ。以下、**ワタツミ**）、つまり海神＝ワタツミです。

**トヨタマ**「お父さん、すっごいイケメンいたの！　めっちゃタイプで！　紹介するわ」
**ワタツミ**「なぁにぃをぉ？　イケメンだぁ？」
**ヤマサチ**「うわっ！　怖そうなオヤジ！　やっべぇ逃げようかな……」
**ワタツミ**「……そこにいる男か？」
**ヤマサチ**「ぎくっ！……こ、こんにちは～はじめまして～」
**ワタツミ**「何者だキサマは」
**ヤマサチ**「ひゃいっ！……あの、地上からはるばるやってきました、ニニギノミコトの三男坊でして……」

**ワタツミ**「なぁに〜⁉　ニニギノミコトの息子だとお⁉……じゃあ神様じゃ〜ん！　エライじゃ〜ん！　ぜひウチの娘をよろしくー‼（これでウチも安泰だな）」

**ヤマサチ**「変わり身はやー！　オレ、アマテラスの子孫に生まれてよかった〜！（ニニギとオオヤマと同じパターンのやつだ！　第二十二話参照）」

**ワタツミ**「よーし！　これはめでたいぞ！　この勢いで結婚祝いだ！　酒もってこーい‼」

ご馳走が運ばれてきて、どんちゃんどんちゃん♪

**ワタツミ**「ささ、ヤマサチさんどんどんやってくださいな。日本酒どうです？　やっぱりヤマサチさんは〈男山〉ですかな？　はっはっはっ！」

**ヤマサチ**「うわー！　楽しーい‼」

どんちゃん騒ぎは、連日連夜続きます。

ヤマサチさん、居心地よすぎてあっという間に……

3年経っちゃった!!（時間感覚おかしいって絶対！　第十六話の時もそうだけど）

**ヤマサチ**「……あれ？　何か忘れてるような……？　ま、いっか！」

おい大丈夫か、ヤマサチさん。

# 第二十六話　忘れすぎておめでターイ

**ヤマサチ**「いえーい!!　ほれいっきいっき!!　わー！　いいねタコちゃん、いい飲みっぷり！　顔赤いよ！　これがほんとのゆでダコだね！　サケちゃん、サケ飲んでる～？　サバちゃん、サバサバしてるね～！　アジちゃん、アジはどう？　フグちゃんはフグ酔うね～！　キスちゃん、キスしてよ～！　コチちゃん、コッチコッチ！　ブリちゃん、今日もブリブリしてるね～！　マグロちゃん日焼けした？　マッグロだね～！　シャチちゃん、シャチっとして！　エビちゃん、血液型何型？　エービーか！　サワラちゃん、サワラないで～！　クジラちゃん今何時～？　クジらってか～！　ワカメちゃんはタラちゃんと遊んできな～！」

なんてしょーもないことを言いながら、海底宮殿にて、飲めや歌えやの大騒ぎ。

連日、楽しい宴をして、3年の月日が流れたある日のことです。

**魚A**「今日も楽しいですね！　ヤマサチさーん」
**ヤマサチ**「おうよ！　ほれ飲めや歌えや〜。う〜み〜はひろい〜な〜おおきい〜な〜」
**ワタツミ**「そういえばヤマサチさんは、どうしてここへ来られたんですか？」
**ヤマサチ**「……え？　何でここに来たかって？　そりゃあよ、おやっさん……そこに酒があるからだぜー!!」
**魚C**「いエーイ!!（多分こいつエイだよね）」
**ヤマサチ**「あれ？……でもホントは何で来たんだっけ？……あっそうそう、兄貴のおい、気にの釣りば……うおー!!（魚だけに）そうだった!!　忘れてた!!」
**魚Y**（いっぱいいるからね）「何を忘れてたんです？」
**ヤマサチ**「兄ちゃんの大事な釣り針失くしちゃったから、捜しに来たんだった！　忘れてた！」
**魚全員**「えー!!　3年も忘れてたのー!?　ぎょぎょぎょー!!（魚だけにね）」
**ワタツミ**「それはいけませんな、早く捜しましょう（ってもう3年経っちゃってるけど)。おーい、お前たちの中で釣り針を見たヤツはおらんか?」

**魚ラ**(アルファベットだけじゃ数足りないようだね!)「はーい! そういえば鯛《たい》ちゃんが喉に何か魚の骨みたいなやつが刺さって痛いって言ってましたー(魚が魚の骨刺さるっておい!)」

**ヤマサチ**「それだー!!」

鯛の喉を見ると、ウミサチの釣り針が出てきた! (いや、気づけよ鯛! 何ておめでタイやつだ!)

**ワタツミ**「見つかってよかったですね」

**ヤマサチ**「よかったよおやっさん! ありがとう!」

**ワタツミ**「ただねヤマサチさん……これをそのままお兄さんに返してはいけないですぞ。謝ってるのに許してくれないなんてひどいですから、ちょっと懲らしめてやりましょう」

**ヤマサチ**「……と言いますと?」

**ワタツミ**「釣り針を返す時に、これは貧乏っちい釣り針だ、ダメな釣り針だって悪口言いながら、後ろ手で渡すんです」

**ヤマサチ**「子どもかよ。そんなことしたら兄ちゃん怒るよ」

**ワタツミ**「これが呪文なんです。そしてお兄さんが高い場所に田を作るなら、ヤマサチさんは低い場所に田を作り、お兄さんが低い場所に作るなら、ヤマサチさんは高い場所に作るんです」

**ヤマサチ**「要は反対にすりゃいいってこと？」

**ワタツミ**「私は水を支配している神ですから、それでお兄さんを貧しくさせることができます」

**ヤマサチ**「そりゃ心強いね。でもやっぱ、怒りそうだな〜」

**ワタツミ**「そんな時のために、この2つの玉を差し上げます。お兄さんが怒って攻めてきたら、この**塩盈珠（シオミツタマ）**で海を満潮にして溺《おぼ》れさせて、お兄さんが助けを求めてきたら、**塩乾珠（シオフルタマ）**で海を干潮にして助けるんです。それでまた攻めてきたらシオミツタマで満潮に……これを繰り返してるうちに、お兄さんはきっと、ヤマサチさんの言うことを聞くようになるでしょう」

**ヤマサチ**「おっけ！　ありがとうおやっさん！……でもこの玉2つって、もしかしておやっさんの……？」
**ワタツミ**「そうよ～ん、アタシのタマタマ大事にして～……って、んなワケないでしょ！」
**ヤマサチ**「おっ、ノリツッコミ」
**ワタツミ**「今のは水に流して～」
**ヤマサチ**「いよっ、水の神」

こうしてヤマサチは、ワタツミより呪力の玉を2つゲットします。

この海の親分・ワタツミがまつられている代表的な神社は、福岡県志賀島《しかのしま》の志賀《しか》海《うみ》神社です。志賀島と言えば、「漢委奴国王《かんのわのなのこくおう》」の金印が見つかったことで有名になりました（金印レプリカのスタンプ買っちゃった！）。志賀海神社のご利益は、海上安全や

漁業守護です。また、ボクの出身地である千葉県旭市の隣の、銚子市《ちょうしし》（日本一早い初日の出！）の渡海《とかい》神社にもまつられています（高校の同級生の土屋君が銚子で学校の先生をやっています。チョウシいいヤツです）。

さて、ヤマサチはでっけーサメ（サンメートルくらいかな。うんそうサメだけに）に乗って、地上へ3年ぶりのリターン！

ウミサチにやっと釣り針を返せるのです。しかも3年も待たせておいて、ウミサチが怒ってきたらお仕置きしちゃおう作戦なんです。

いや「元々は、釣り針失くしたお前が悪いだろ！」って言いたい気持ちはわかります。

でもヤマサチは海底で、強力な武器を得てしまったのです。

ヤマサチVSウミサチ。

まもなくゴング。

# 第二十七話 いや、もう勝てねーって

ヤマサチは3年ぶりに海中から地上へ戻ります。
そして、ワタツミの言ったとおりに、兄のウミサチに釣り針を返します。

ヤマサチ「兄貴、遅くなって悪かった！」

**ウミサチ**「いや遅すぎんだろ！　どの口が言えんだそれ！　もうこっちが忘れかけてたわ！……で、あったのかよ？」
**ヤマサチ**「これやで！……と、おやっさんの言ったとおりに渡さないといけないんだっけ……てか、絶対怒られそうだなこれ言うとな」
**ウミサチ**「何をひとりでごちゃごちゃ言ってんだ。あったなら早くよこせ」
**ヤマサチ**「兄ちゃん、今からこれ返すけど絶対に怒らないでね？」
**ウミサチ**「いいよ、あったならもう怒らないよ。ほれ返せ」

**ヤマサチ**「はい、じゃあ絶対怒らないでね」
**ウミサチ**「わかったっての」
**ヤマサチ**「じゃあ返すね。この釣り針は貧乏っちい、ダメな釣り針だね」
**ウミサチ**「何だとこのヤロー!!」
**ヤマサチ**「ほら怒るじゃーーん!!」

呪いをかけられたウミサチは、どんどんどんどん貧しくなっていきます。
一方のヤマサチは、どんどんどんどん栄えていきます。
怒ったウミサチは、八つ当たりで攻めてきます。

**ウミサチ**「うらー!!　何でオマエだけ裕福なんだこらー!!　釣り針3年も返さなかったくせにー!」
**ヤマサチ**「兄ちゃんが攻めてきた!　そんな時はこれだ!」

ヤマサチは、ワタツミからもらったタマタマ（2個なので）のうち、**シオミツタ**

**マ**を使って海を満潮にして、ウミサチを溺《おぼ》れさせます。

**ウミサチ**「ぎゃー！　ゴボボ……あっぷあっぷ！　オレ泳げねんだー！　助けてー‼
（ホントに海の神様かよ！）」

**ヤマサチ**「兄ちゃんが助けを求めてる！　そんな時はこれだ！」

ヤマサチは、今度は**シオフルタマ**を使って海を干潮にして、ウミサチを助けます。

**ウミサチ**「……げふっ！　あー！　海の水飲んじゃったよ、おえー！　気持ちわる
（いや、海の神様なのに）……てめー、ヤマサチ！　よくもやりやがったな！　うら
ー！」

**ヤマサチ**「攻めてきた時はコレだ！」

ヤマサチは、再びシオミツタマで海を満潮にしてウミサチを溺れさせます。

**ウミサチ**「うおーう、ゴボボボ……あっぷあっぷ！　助けてくれ〜！」
**ヤマサチ**「……もう何もしない？」
**ウミサチ**「オレが悪かったよー　もう何もしないから許してくれ！」
**ヤマサチ**「よし、わかった！」

ヤマサチは、シオフルタマを使って海を干潮にして、ウミサチを助けます。

**ウミサチ**「おえー！　また飲んじゃったよ！　しょっぺー!!……てめえこのヤロー!!
うらー!!」
**ヤマサチ**「何もしないって言ったのに……はっ！」

ヤマサチは、シオミツタマを使って海を満潮にして、ウミサチを溺れさせます。

**ウミサチ**「ごべーーん!!　もうやらないから、あっぷあっぷ助げでー!!」
**ヤマサチ**「…………」

**ウミサチ**「ごべんよ！　ほんともうやらないからー！　あっぷあっぷ！」
**ヤマサチ**「……ほんとに絶対もうやらない？」
**ウミサチ**「さっきはダマして悪がったよ！　あっぷあっぷ！　もうほんとに絶対やらないから許してー‼」
**ヤマサチ**「……もうこれで最後だぞ、兄ちゃん」
　ヤマサチは、シオフルタマを使って海を干潮にして、ウミサチを助けます。
**ウミサチ**「ごべー！……はぁはぁ助かった。わかってるわかってる！　もうしないから、約束だからな。助けてくれてありがと……って油断したところをうらー‼」
**ヤマサチ**「……はっ‼」

ヤマサチは、シオミツタマで……以下同文!!

——このやり取りを、１００回くらい繰り返します（諦め悪すぎだろ！）。

**ウミサチ**「はあはあ……もうだみだこりゃ……家来になるので許してくらはい～（ダメって気づくの遅いな！）」


というわけで、ヤマサチVSウミサチは**ヤマサチの圧勝に終わります**。

こういう神話なので、ヤマサチは**海の守り神**として、海沿いの神社にまつられていることが多いです。

ヤマサチがまつられている代表的な神社の一つが、宮崎県の青島《あおしま》神社です。ＪＲ青島駅から歩いて10分くらいの小島である青島にあり、ここが「海幸山幸神話」の舞台ともされています。干潮時に行くと、横に「鬼の洗濯板」と呼ばれる波状岩《はじょうがん》が姿を見せます。

この青島神社の境内に「日向神話館《ひゅうがしんわかん》」という建物があります。ここは、日本神話の中でも宮崎が舞台の「日向神話」の名場面を全12シーンにわたって、蠟《ろう》人形で再現している博物館です（デーモン小暮が作ったのかな）。数年前に青島神社へ参拝した時に、面白そうだからここへ寄りました。1シーン目がニニギの天孫降臨《てんそんこうりん》で、2シーン目がコノハナの火中出産など、蠟人形がよくできていて、見応えあります。最後の12シーン目が、初代天皇である神武《じんむ》天皇が船出して東征に向かうシーンでした。これで終わりか、さぁ外へ出よう、と思ったらもう一つ部屋があるんです。「あれっ？　12シーンで書いてあったけど13シーン目があるのかな？」と思いながら13個目の部屋へ入ってみると、そこにいたのは長嶋茂雄《ながしましげお》さんの蠟人形でした。そりゃビックリしましたよ。隣見ると神武天皇で、こっちにはミスターがいるわけですから。どういうことか調べてみたら……長嶋さんは宮崎出身なわけじゃないけど、巨人軍の度重なる宮崎キャンプによって宮崎市名誉市民になってるそうで。だからここに長嶋茂雄さんの蠟人形があるそうです……いや、ここじゃなくてよくない⁉　ここに置くのは……ん〜、どぉでしょぉ〜‼（でも野球の神様！）

ちなみに、ウミサチを主祭神《しゅさいじん》としてまつる神社は全国にただ一つ、宮崎県日南市《にちなんし》の潮嶽《うしおだけ》神社のみとされています（負けちゃうとそうなっちゃうのね）。**ご利益はやはり**

**海上安全です**（全然泳げなかったくせに！）。神話から読み取ると、何度でも諦めない不屈の精神力とか身に付きそうですね（これはボクの勝手な想像です）。

このあたりの地域では、神話に学び、人に針を貸してはいけないという風習が今でも残っているそうです。

兄VS弟の対決が、『古事記』にはたくさん記されていますが、**弟が勝つのがほとんどです**。

兄が悪、弟が善で描かれているので、古代においては長子より末子の方が優遇されたのでしょうか（ボクはひとりっ子です）。

さて、海幸山幸神話は以上となりまして、お次はヤマサチとトヨタマのお子さんが生まれるお話です。

これもまたイカれてまっせ。

# 第二十八話 絶対見ちゃダメ！

ヤマサチが兄弟対決に勝利して、ウミサチを従えました。釣り針を失くした時とは形勢逆転です。釣りだけに浮き沈みある人生ですね（うまいなぁ〜）。こうしてハリのある生活が戻ります（うまいなぁ〜その２）。

そんなある日のこと、トヨタマが海からやってきます。

**ヤマサチ**「おぉ〜！　トヨタマ元気か？　海の中からはるばるよく来たな！　釣り針クソ野郎はこらしめてやったぜ！（元はお前が悪いけどな！）……どうした？　何か言いたげな顔だね？」

**トヨタマ**「ねえ、あなた……アタシ……できちゃったみたいなの」

**ヤマサチ**「……そっか、まあ3年いたからな……そらできるか。ウチのオヤジ（ニニギ）は一晩で三つ子できちゃったけどな」

**トヨタマ**「あなたの子を海の中で生むわけにはいかないじゃない？　海の中じゃ溺《おぼ》れちゃうじゃない？」
**ヤマサチ**「そうだよな。オレ3年いたけどよく溺れなかったよな。やっぱオレ神なんだなって実感したわ」
**トヨタマ**「だから地上で生もうと思って来たのよ……ううっ！　ああっ!!　生まれるー!!」
**ヤマサチ**「ええっ⁉　いきなり臨月⁉　ちょっと救急車〜！　ってか今、産屋《うぶや》を作るからまだ出さないでー!!」
　ヤマサチは、急いで海辺に、赤子を生む場所である産屋を作り始める（そんな場合か！）。
**トヨタマ**「あなたっ！　うっ……！　生まれるー!!」
**ヤマサチ**「頼む！　もうちょいガマンして〜！」

そしてヤマサチは、鵜《う》の羽根を屋根に葺《ふ》き始める（やってる場合か！）。

**トヨタマ**「あなたっ！……はぁはぁもうダメ……ひ～ひ～ふ～、ひ～ひ～ふ～、ひ～ふ～み～（数えちゃったよ！）、うっ！　もう出るー!!」

**ヤマサチ**「えー！　ちょっと待って待って！　まだ鵜の羽根葺き終わってないけど……生むとこ見たいからー!!」

**トヨタマ**「ああっ！……もうダメ～！」

**ヤマサチ**「待って～！」

**トヨタマ**「出る～！」

**ヤマサチ**「待って～！」

**トヨタマ**「出る～！」

**ヤマサチ**「……意外と出ないよね」

**トヨタマ**「ホントにダメ～！」

**ヤマサチ**「待って今行く！」

ヤマサチが慌てて産屋の中へ入ろうとすると、

**トヨタマ**「待ってあなた！　中に入っちゃダメ！」

**ヤマサチ**「何でだよ⁉　いいだろ？　オレの子なんだ！」

**トヨタマ**「違うの！……はぁ、はぁ……アタシ、今から元の姿に戻って生むから……だからダメ！」

**ヤマサチ**「元の姿ってどゆことだよ⁉　フリーザ？　シン・ゴジラ？　今第何形態？」

**トヨタマ**「とにかく生むとこは見ちゃダメなのお！　はぁ、はぁ……ねぇ？　わかった？　約束して！」

**ヤマサチ**「……オマエがそこまで言うならわかったよ。見ないよ、元気な子を生んでくれよ」

**トヨタマ**「ありがとう、言うこと聞いてくれて。ね？　絶対に！　見ちゃダメだからね！」

**ヤマサチ**「わかった！　頑張ってくれ！」

**トヨタマ**「うんありがと、絶対に、ぜぇ〜ったいに！　見ちゃダメだから！」
**ヤマサチ**「……わかったよ」
**トヨタマ**「絶対に！　絶対によ！」
**ヤマサチ**「……見ろってこと？」

ヤマサチは「こいつ、ダチョウ倶楽部好きなのかな？」と感じたのか、「絶対見るな！」と言われたのを前フリだと思って戸をオープン‼
すると産屋の中にいたのは……大きなサメでした。サメがうねりながら苦しんでいたのです。

**トヨタマ**「あなた！　あれほど見ちゃダメって言ったのに！　とうとうこの姿を見てしまったわね……」
**ヤマサチ**「うっ……うわー‼　サメがしゃべった‼」
**トヨタマ**「まずそこ⁉　今までウサギとかネズミとかしゃべってたでしょ！　アタシの本当の姿は……これなのよ」

**ヤマサチ**「えー!!……オマエ、サメだったのかよー!!」

ヤマサチは、トヨタマの正体がサメだと知って、彼女に対する恋もサメたそうです（いいね！）。

トヨタマは夫に本当の姿を見られてしまい、サメザメ泣いたそうです（いいよ！）。

**トヨタマ**「見ないでって言ったのに！……バカー!!」

ヤマサチはこんなことを言われてさぞ、シャークに障ったことでしょう（もういっちょ！）。

トヨタマに見つからないように、もっとジョーズに見れればよかったですね（もうええわ！）。

人魚ならよかったんでしょうけど、１００％混じ

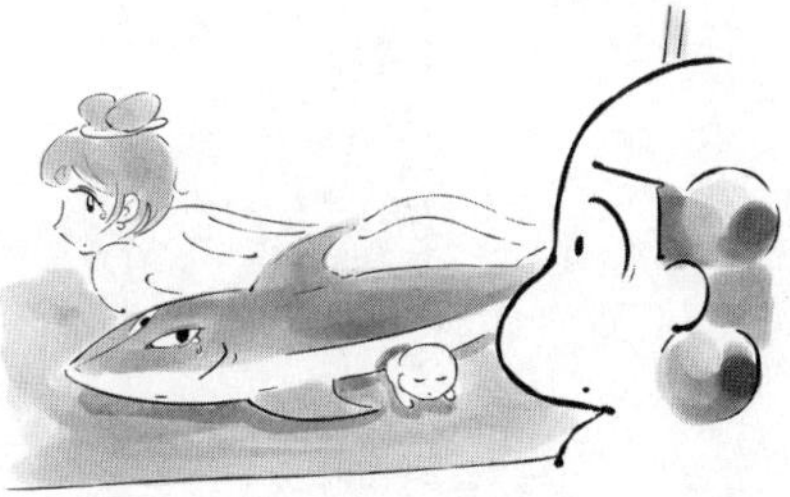

りっ気なしのサメだったわけですね。

**ヤマサチ**「妻がサメなんて……すぐには受け入れられねーよ！……フカヒレおいしそうだな、チョウザメだったらキャビア食いたいな（受け入れとるやん！）」

ちなみにサメは、世界各国の神話でも数多く登場するようで、たとえばハワイでは、サメの神様もいるらしいです。その凶暴性から危険視されながらも、一方では、力強い守護神のような存在になっているわけです。

さて、妻の正体を見てしまったヤマサチさん。

どーなるどーなる！

# 第二十九話 遠く離れたチチ

トヨタマは、自分の正体を夫のヤマサチに見られてしまいました。

**トヨタマ**「この姿を見られたからには、もう恥ずかしくて地上では生きていけないわ！……残念だけど、さようなら、あなた」

**ヤマサチ**「おいっ！　待てっ！　サメ！　いや、トヨちゃん～!!」

トヨタマは、サメの姿で海の底へと消えていきました……。

ちなみにこの時、地上までお供で連れてきていた亀をうっかり忘れて先に帰ってしまいました（かわいそう！）。

亀は何千年もの間、トヨタマの帰りを待ち続け（待ちすぎ！　さすが亀は万年だな！）……やがて石になり固まってしまったそうです。

これが、宮崎県日南市《にちなんし》にある鵜戸神宮《うどじんぐう》の「亀石《かめいし》」です。

鵜戸神宮はこのエピソードの伝承地なので、海岸沿いにあります。本殿から下の海を見下ろすと、亀の形をした巨大な石があって、これが亀石です。亀の背中の甲羅部分には四角い穴が空いていて、「運玉《うんだま》」と呼ばれる石を社務所で買って（１００円で５個入り）この穴へ向かって投げます。男性は左手、女性は右手で。穴に運玉が入ると開運！　縁起がいいとされます。

ボクもやりました。穴が小さいのでなかなか難しいけど、５投目で見事イン！　ありがたや。

ちなみに一緒に行った先輩も４投目まで入らず、最後の５投目を投げたら穴のすぐ横に落ちました。

「あ～！　惜しい！」と思ったその瞬間！

ワンバウンドしてイン！

「やった～!!」と先輩はすごく喜んでいたけど、ワンバンなのでご利益は半減するのかどうか。

さて、トヨタマは、海へ帰る前にとんでもないことを言います。

**トヨタマ**「アタシは海へ帰るけど、赤ん坊のためにアタシのおっぱいだけ置いていくわ」
**ヤマサチ**「おっぱいって取り外せるの⁉」

ね〜、神様ってすごいよね〜（投げやり）。

脱着可能ならぜひボクも取り付けてみたいよ。

こうしてトヨタマが岩に乳を貼り付けたのが、鵜戸神宮にある「お乳岩《ちちいわ》」です。

お乳なのでこの岩が2個あるんだけど、これがすんごく離れてるんです。

（V――――V）みたいな感じです（Vが乳房です）。

こんなに離れたお乳は見たことありません。これではとてもブラができません（寄せて上げられません）。またこれは、しゃぶるには硬いでしょうね（岩だからね！）。

先とがってるんで、しゃぶったらチチ（血血）が出そう。

このお乳岩から雫《しずく》が垂れていて、その水で作ったのが鵜戸神宮名物の「おちちあめ」です。舐《な》めると安産のご利益があり、子宝に恵まれると言われています。

トヨタマは海へ帰ると子育て係として、自分の妹を送ります。妹の名は、**玉依姫**（タマヨリビメ。以下、**タマヨリ**）といいます。

ヤマサチは思ったそうです。

「お前もサメじゃねーのかよ」

トヨタマは、全国の豊玉姫《とよたまひめ》神社にまつられています。中でも鹿児島県の豊玉姫神社が有名で、ご利益は安産や子宝、海上安全です。でも正体はサメだから、子宝に恵まれるって言うけど実際はキャビアがたくさん食べられるようになるのかもしれませんね（勝手な妄想です）。

妹のタマヨリがまつられている代表的な神社は、京都市の賀茂御祖《かもみおや》神社（通称、下《しも》鴨《かも》神社）や、福岡市の筥崎宮《はこざきぐう》です。彼女は養育係として派遣されたわけですからやはり子育ての神様となります。また「タマヨリ」という名前ですが、「タマ」は「タマシイ」、つまり霊魂、神霊のことで、「ヨリ」は「依り」で憑依《ひょうい》を意味しますので、巫《み》女《こ》的な性格の持ち主だと考えられています。神社でお守りを売っているのも巫女さんですが、ここで言う巫女は、青森県の恐山《おそれざん》のイタコのイメージです。死者の魂を自分に乗り移らせて死者と対話できるというアレです。ちなみに外国人の霊を乗り移らせても、基本はバリバリの津軽弁でしゃべるようですね。つまりタマヨリは、神様が乗り移ってる神様……ややこしいけど、一言で言うとすげーってことです（雑）。神様の意向があったから（登場人物みんな神様だけどね。より超越的な神様ってこと）、タマヨリがこの子を育て、後に日本初の天皇を生むことになるのかもしれません（第三十話参照）。

さて、ヤマサチとタマヨリの夫婦？　生活がスタートします。
次回はいよいよ、『古事記』上巻～神代の最終話となります。

# 第三十話　だって神だもん

トヨタマはサメの姿で海に帰っちゃったわけですが、子どもは残していきました。

そして自分の代わりの母親係として、妹のタマヨリを派遣しました。

神（人型）とサメのハーフの子が生まれたのです。

なんか魚人みたいです。アーロンを思い出します（シャーハッハッハッ！　©ワンピース）。

でも生まれてきた子は、別に魚人ではないんです（人魚でもないです）。この子は、ヤマサチが産屋に鵜《う》の羽根の萱《かや》を葺《ふ》き終わる前に生まれたので、**鵜葺草葺不合命**（ウガヤフキアエズノミコト。以下、**ウガヤ**）と名付けられます。これは現代語で言えば、「鵜のカヤをふき終わる前に生まれちゃったのミコト」です。

めっちゃキラキラネームじゃないですか？

名付けたヤマサチのセンスは、まさに神（だって神だもん！）。

そんなわけで、この物語の舞台となる鵜戸神宮《うどじんぐう》の主祭神《しゅさいじん》はウガヤです。

鵜戸神宮は、神社でも珍しい「下り宮《くだりみや》」です。

通常の神社は、社殿まで階段を上って参拝することが多いけど（あれが大変だよね）、鵜戸神宮は本殿が階段の下にあるのです。

なぜこのような形となったかは不明ですが、行ってみると、な〜んか景観的に面白いですよ（横は断崖絶壁）。

ちなみに、鵜戸神宮の裏の山には、ウガヤの陵《みささぎ》と伝わるお墓があります。鹿児島県鹿屋市《かのやし》（ボクの師匠竹丸《たけまる》の出身地だ！）の吾平山上陵《あいらのやまのうえのみささぎ》も、伝承地の一つです。

ニニギといい、**神様のお墓は伝承地が何個もあって面白い**ですよね。だってアタリは一つで、他のお墓には別の方が眠ってるわけですもんね。ハズレで拝まれる身にもなってもらいたいですよね。でも天皇陵や神様のお墓は発掘することができないから、中に誰が眠っているかは想像するしかないんです。これもまた、歴史のロマンですね。

さて、このウガヤは父・ヤマサチと叔母・タマヨリに育てられたわけですが、後にタマヨリと結婚します（愛に垣根はないのよ！）。

自分を育ててくれた叔母さんと結婚したわけですね。近親相姦ですよね。禁断の愛です。先生と生徒、上司と部下、医者と患者、神主と巫女《みこ》、噺家《はなしか》と弟子……これはあんまりないですけど。米丸《よねまる》師匠と歌丸師匠の怪しい噂《うわさ》は聞いたことないですから。

近親相姦は、神話にはよくあることです。ギリシャ神話の絶対神・ゼウスは自分の姉やおばさん複数と関係をもったり、自分の子孫にすら手を出してますからね（絶倫神！　ギリシャ界のオオクニヌシ！）。

やがてウガヤ&タマヨリは、子どもを4人生みました。

しかも男4人兄弟（うわ〜お大変そう！　ウチ壊されそ！）。

その四男坊が、**神倭伊波礼彦命（カムヤマトイワレビコノミコト）**といって、後に初代天皇として即位する神武天皇なのです。

ニニギは山神・オオヤマの娘であるコノハナと結婚し、その子・ヤマサチは海神・ワタツミの娘であるトヨタマと結婚し、その子・ウガヤは、やはり海神の娘であるタマヨリと結婚し、神武天皇が生まれました。

つまり、神武天皇は山も海も掌握したサラブレッドってことになるわけです。

初代天皇にふさわしい肩書をもって誕生したんです。

ちなみにヤマサチは、580歳まで生きました（神かよ！　いや神だよ！）。神様は不死のはずですが、ここから神様の寿命が『古事記』に記されているというのは、ニニギがイワナガを断ったからなのです（第二十二話参照）。

ヤマサチの墓は、鹿児島県にある高屋山上陵《たかやのやまのえのみささぎ》と言われております。このヤマサチ陵のある霧島市《きりしまし》には、ヤマサチがまつられている鹿児島《かごしま》神宮もあります。同じ霧島市には、ニニギがまつられている霧島《きりしま》神宮もあります。坂本龍馬が新婚旅行で訪れ、参拝したそうです。

以上が『古事記』上巻の「日向《ひゅうが》神話」でした。

ニニギ・ヤマサチ・ウガヤをひっくるめて「日向三代」と言ったりもします。宮崎県の旧国名を日向と言いますので、このあたりを舞台とした物語でした（鹿児島県にも三代の墓の伝承地あり！）。

『古事記』上巻は大きく「高天原《たかまがはら》神話（本書二～七話）」・「出雲《いずも》神話（本書八～十九話）」・「日向神話（本書二十～三十話）」の3部構成になってるわけですね。

『古事記』上巻～神代はここまでとなります。

続く中巻は、ウガヤの子どもたちが日向を出て東に行き、奈良の橿原《かしはら》（今、橿原神宮があるところ）で初代天皇として即位する物語から始まります。神武天皇の東征とか、邪馬台国《やまたいこく》との関連とか、ヤタガラスが出てきたりとか、伝承がたくさんあって面白いところです。もっと後のヤマトタケル伝説もめっちゃ楽しいです。

この続きはいつかまたお話ししたいです。

今回はここまでにしておきます。

本書では、古代の神々についてお話ししてきました。

我々落語家も、古代の神々と同じなんです。

落語会をする度に、告知のためのチラシを作ります。そこには主催の方が、タイトルをつけます。

地方での落語会でありがちなのが、「爆笑落語会」とか「大笑い寄席」とかです。たとえ実際の内容が「失笑落語会」とか「くすくす寄席」であっても、広告では「爆笑」とか「大笑い」とか、まだやってもいないのに、大きなこと言っちゃってるんです。そんなチラシがウチに山程あるんです。

これを見てて思いました。

「こだいのかみがみ（誇大の紙々・古代の神々）だ～！」

さて、大オチがバチッと決まりましたところで（それも誇大！）、お開きとさせて頂きます。

最後までお読み頂きまして、ありがとうございました。

# おわりに

物事は何においても、「知ってる」から面白いんですよね。例えば野球を見るにしたってルールを知らない人が見るよりも、知ってる人が見た方が面白い。過去の戦績を知らない人が見るよりも、知ってる人が見た方が面白い。野球選手の性格を知らない人が見るよりも、知ってる人が見た方が面白い。ゲームでもアニメでも何でもそうですよね。「知ってる」から面白いんです。感動できるんです。

だからボクのモットーは「学びは感動」です。

知れば知るほど、それだけ多くの感動を味わうことができるんです。自分の好きなものだったら勝手に知識は増えていくとは思いますが、興味のないことだから「知りたくない」では、一生その分野では感動できないことになってしまいます。とにかく何でも知ろうとすること、これが人生の楽しみ方だと思ってます。この本を読んで日本の神様のことを少しでも知れたとしたら、これからは、神社に行ったら今まで以上に感動できるはずです。

近頃は「御朱印ブーム」ですね。神社参詣に行く度に、マイ御朱印帳を社務所の巫女《みこ》さんに渡して、御朱印を書いてもらっている姿をよく目にします。ボクは御朱印集めはしていないのですが、神様を身近に感じる人が増えたという意味では、このブームは大変良いことだと思っています。しかし、ただ御朱印をもらって満足するのではもったいない。

スタンプラリーのごとく、ただ御朱印を集めるのではなく、もう一歩踏み込んで、そこにどんな神様がまつられているのかを考えながら参拝すると、楽しみが増します。みなさんが行く神社にまつられている神様の多くは、『古事記』に登場する神々です。『古事記』に出てくる神様の性格や物語を知った上で、神社に行ってみてください。

ほとんどの神社には入口に看板があって、そこに祭神が書かれています。例えばそこにオオクニヌシがまつられているなら、その神社は縁結びのご利益があります。そこにサルタヒコがまつられているなら、お参りすればきっと道を切り開いてくれるでしょう。イザナギがまつられているなら延命長寿、スサノオなら厄除け、タケミカヅチなら勝運アップ、コノハナなら安産祈願……古代の神々は、今もボク達を見守ってくれてるわけです。そして、そのご利益の由来はすべて『古事記』に書いてあるんですね。確かに社務所には、その他のご利益のお守りも売ってます。でも例えば「この食堂はラーメンがダントツおススメ！」って店で、カレー頼まないですよね（好き嫌いや体調にもよるけど）。それぞれが専門にしているご利益をお願いすれば神様も「キミ、オレのことよく知ってるじゃ～ん」と気分よく話を聞いてくれるかもしれません。神様も自分のことを知ってくれてたら、嬉しいはずです。何度か参拝して常連になったら「オオクニヌシさ～ん、あなたモテるから彼女の作り方教えてよ～！」なんて親しみを込めてみてもいいですよね（でも敬いの気持ちは忘れないで）。さらに「なぜ、ここにこの神様がまつられているんだろう？」ということまで考え出したら楽しみは尽きないでしょう。

神社って、日本にどれくらいあるかご存じですか？　何と10万社以上あると言われているんです（空港や競馬場にもある！）。ということは神様を知ると、全国各地の神社を1回ずつお参りするだけでも10万回楽しめるってことです。10万回感動できるんです。日本人は無宗教と言われますが、とんでもないです。10万社も神社があるのに、「日本人は神を信じてません」なんて言えないですよね。今、国際化がどんどん進んでいます。日を追うごとに、日本を訪れる外国の方が増えている気がします。海外の方はきっと、祖国の建国神話を常識として知ってると思います。でも現代の日本人は、これだけ全国各地に神社がありながら、自分の国の建国神話や神様について知らない人が多くいます。国際化が進んでいるからこそ、自国の歴史や信仰も改めて勉強して、胸を張って「ウチの神様はこうだ」と話せるようになったら、異国の方とも感動を共有できるかもしれません。

科学が進歩して、モノが豊かな時代ですが、かえって心が荒《すさ》むことがあります。道に悩むことがあります。そんな時、日本にはたくさんの神様がいて、あなたを見守っているんだということを思い出してください。また気持ちが塞いだ時に、この本に書かれている神様たちのおもしろエピソードを思い浮かべて、「神様だって自由奔放なんだから、深く考えずにテキトーにいこー！」なんて思って頂けたら嬉しいです。

おわりに。本書を出すきっかけとアドバイスをくださった房野《ぼうの》史典《ふみのり》さん（『超現代語訳　戦国時代』に相当インスパイア受けてます）、懇切丁寧に相談に乗って頂いた大学の先輩・校條真《めんじょうしん》さん、初めて本を出すボクを優しくわかりやすく指導してくださった編集の袖山満一子さん、本当にありがとうございました。歴史を落語調にしゃべるというのは師匠・竹丸のお家芸（師匠は戦国時代・幕末だけど）。師匠、ありがとうございます。他にも感謝を申し上げたい方は山程いらっしゃいますが、ここで止めます。

そして最後に、ここまでお読みくださったあなたへ、ありがとうございました。

……おっと忘れちゃいけない。

神様、ありがとうございました。

令和元年11月吉日　　桂竹千代

# 文庫版あとがき

この本が出版されてから約3年が経ちました。全国で日本神話や古代史関係のお仕事をポツポツ頂けるようになり、「桂竹千代」が少しずつ古代史落語家として認知されてきたことを、ひたすらに感謝する今日この頃です。

小学4年生の男の子の読者から「すんごくおもしろかったです！」とお葉書を頂いたのは嬉しかったですね。お子さんにしかわからないギャグも、ＯＶＥＲ60じゃないとわからないギャグも入ってますが、幅広い世代に『古事記』に触れて欲しいと心を込めて書きましたので。

出版後まもなく、ご存じコロナ大王がやってきて、世の中が一変。ボクたち落語家も、仕事が爆速で飛びまくり、苦戦を強いられました。生の落語会はできないので、仕方がないから自宅でパソコンに向かってテレワーク落語。お客さんの反応が欲しくて、それが生き甲斐で落語家をやっているのに、クスリとも笑わない画面に対して無観客落語を続けるのはやるせなかった。でも、そんな気持ちだったのも束の間。慣れって怖いもので、数か月続けているとこれが当たり前になってきて「むしろお客さんの反応を気にしないでやりたいように喋れるぞ！」みたいな具合に。画面の向こうで視聴者が大爆笑してるつもりだったので、久しぶりにお客さんの前でやったらペース狂って、無観客の方がいいなってなったり（どないやねん）。いや、もちろんお客さん欲しいですよ（笑）。

ただ配信落語やってよかったのは、普段は出会えないような方々とご縁がたくさんできたこと。例えば落語に興味があるけど、遠方でなかなか聴きに行けないという地方在住の方々。配信を観て頂いたことから繋がりができ、現地で落語会を開催して頂いたこともしばしばありました。逆にコロナがなければ出会えなかったご縁です。関西の有名番組「そこまで言って委員会NP」にも、配信がきっかけで出演させて頂きました。立川志らく師匠、竹田恒泰さん、古舘伊知郎さん、豊田真由子元衆議院議員など、著名人たちがこの本を読んで討論するっていう夢のような内容でした。この番組の放送直後『落語DE古事記』はAmazonや楽天市場で売れ筋ランキング1位に！　Amazonでは売上の上昇率が８２０００００％を記録（スカウター壊れるよね）。

そう、ボクは瞬間的にベストセラー作家になったのです！（どや！）

そして翌月には元通り……（明智光秀の三日天下のごとし）。

しかし、初の増刷も、この文庫化も、この番組のおかげと言って過言ではありません。

番組の中で古舘伊知郎さんが「落語の登場人物と古事記の神様って似てるよね」と仰ってくださって、すごく腑に落ちました。亡くなった立川談志師匠は言いました。「落語は人間の業《ごう》の肯定である」と。業というのは、人間がついやってしまいがちなこと。怠けるとか、欲に溺れるとか、飲み過ぎるとか、ダイエット中なのに深夜に背脂たっぷり濃厚とんこつラーメン食っちゃうとか……これらを「改めなさい！」と叱るのではなく、ありのままの人間の姿として描写するのが落語。これほど落語を端的に表す言葉はないのではないでしょうか。

古事記に登場する神様は、崇高な存在でありながら、かなり人間臭い一面もあります。黄泉の国で戸を開けるなと言われたのに開けちゃうイザナギ（第三話参照）、快適な地上に入り浸って命令を忘れるワカヒコ（第十六話参照）、イワナガの容姿がブサイクという理由で突き放すニニギ（第二十二話参照）……まさに神様たちの業の数々。こうした行いを肯定するのが神話であり、その意味では、落語と古事記はかなり類似しています。

この本を読んで、神様がより身近に感じられるようになったら、ぜひ神社に行ってみてください。愉快な神様たちが、あなたを待っていますよ。そしてぜひ落語会にも来てください（急に営業）。最近、地方公演をしまくっているので、もしかしたらあなたのそばで竹千代が落語してるかもしれません（桂竹千代Twitterを要チェックだ！）。『落語DE古事記』を読んでご来場くださったお客さんがいるのなら、それはまさしく、神様がくれたご縁です（お客様は神様です）。

先がどうなるかわからない世の中、神社に参拝すれば、心が澄まされます。落語を聴いて笑っても、心が澄まされます。……うん、やっぱ落語と古事記、似てる。

令和４年夏　　桂竹千代

【参考文献】

・倉野憲司校注『古事記』岩波書店　１９６３
・ちはやぶる記紀神話研究会編『図解　古事記と日本書紀』学研プラス　２０１９
・吉岡純子『ご縁がつながり運がひらける　日本の神さま大全』フォレスト出版　２０１８
・森浩一『日本神話の考古学』朝日新聞社　１９９９
・森浩一『記紀の考古学』朝日新聞社　２００５
・坂本太郎・家永三郎・井上光貞・大野晋校注『日本書紀（一）』岩波書店　１９９４
・福永武彦訳『現代語訳　日本書紀』河出書房新社　２００５
・竹田恒泰『現代語　古事記』学研プラス　２０１１
・瀧音能之『伊勢神宮と出雲大社』青春出版社　２０１０
・永藤靖『日本神話と風土記の時空』三弥井書店　２００６
・福山敏男監修『古代出雲大社の復元』学生社　１９８９
・宮崎市神話・観光ガイドボランティア協議会編『ひむか神話伝説』鉱脈社　２０１２
・梅原猛『神々の流竄』集英社　１９８５
・武光誠『日本人なら知っておきたい神道』河出書房新社　２００３

・井沢元彦『逆説の日本史1　古代黎明編』小学館　1997
・松本直樹『神話で読みとく古代日本』筑摩書房　2016
・吉田敦彦『一冊でまるごとわかるギリシア神話』大和書房　2013

※神様の名前（カミorミコト等）は、著者が普段親しみのある名前で記しております。また、神様の漢字表記はわかりやすくするために、一部改めております。『古事記』と違っている箇所もありますが、物語に一切の影響はございません。

# 解説

古舘伊知郎

とある日、事務所の後輩で仲良しの松尾貴史（キッチュ）が全国紙で連載しているコラムを読んで膝を打った。

すぐショートメッセージを打った。

「キッチュ！　今回のすごく良かった」

送信前に画面をチラ見すると、

「キッチン！　今回のすごく良かった」

彼は台所か。

直したが、たいして面白くないのに一文をつけ足した。

「キッチンと打ったので、キッチュに修正して送りました」

二分もしないうちに、スマホを置いたテーブルのガラスが振動した。早いレスだ。

「キッチンで正しかろうと思います。私はキッチュ。キッチュはまがいもの。まがいものはフェイク。フェイクと言えばニュース。ニュースと言えばキャスター。キャスターは転がる。転がしと言えば芸者。芸者と言えば温泉。温泉は熱い。熱いはコンロ。コンロがあるのはキッチン！　全てはつながってるのです」

うまい！　はやい！　やすい？　の三拍子。

そして素早さを含め、同業者としてジェラスをおぼえた。

厳密に言えば全ての芸者さんが客転がしをする訳ではない。強引だ。そもそもキッチュ↓キッチンは同じというのが強引だ。

そこでだ。

エンターテインメントには時に強引さが不可欠で、それが面白さの源泉なのだ。

全くの古事記ビギナーである私は、桂竹千代の強引な語り口にやられてしまった。

冒頭からダジャレ、無駄話、要らない豆知識の雨あられ。

「淤能碁呂島（おのごろじま）」が成るくだり。

「ちなみにヨネスケ師匠の本名は小野五六（おのごろう）……」と脱線する。はじめは正直イラついたのに、中盤以降その強引な脱線を待っている私がいた。そんなことは私史上初である。

古事記寄席にふらっと立ち寄った客（読者）へのサービスに心血を注ぐ彼の姿勢に負けたのだった。


古代日本。まだ文字が普及していない時代に、稗田阿礼《ひえだのあれ》という人物は長老達から口伝えで聞いた神話の数々を抜群の記憶力で脳内編集し暗唱。それを文字に起こしたものが古事記だ。語り部・稗田阿礼こそが元祖ストーリーテラー！　喋りのプロだとするなら、阿礼もまた神話を聞く側（客）の反応を常に意識していたのではないか。ヨシここは話を大袈裟に盛って皆を大いに楽しませよう。ここは恋愛ネタをかまし、より分かりやすい身近な話に落とし込もう等々。そう考えると、桂竹千代という落語家も、毎年「トーキングブルース」というひとり語りのライブを演《や》っている私も、稗田阿礼の子孫と言えないか？

1300年以上の時を超えた阿礼一門の物語ネットワークは今、竹千代・古舘を組み入れた語り部〝黄金の三角地帯〟を形成しつつあるのだ。

思えば人間社会は太古の昔から物語＝フィクションを必要としてきた。イスラエルの歴史学者ユヴァル・ノア・ハラリ氏は、虚構の物語を紡ぐことで人類は文明社会を築いてきたと言う。確かに言葉も文字もお金も、全てはフィクションであり、それを我々は共通了解しているだけだ。そして物語依存が時に大量の殉教者を生むのだ。

例えば国家である。そこには領土、領海、領空という実存するものがあり、我々はその下で国民として存在している。しかし、国家そのものを見たり触れたりはできない。ゆえに天皇を神格化し、君が代、日の丸を掲げることで日本人は一致団結できる。

そして時に、お国のために死ぬことを美談とする物語依存を生む。私はその物語と、自分の生身の感情という二つのプレートがきしみ合い、物語（国家）等が優先されてしまう時、人間の悲しみがふるえると思っている。しかし、この「国生み神話」古事記には悲しみではなく、神々の欲望がむき出しになっている。

スサノオがヤマタノオロチを退治する場面。私は、スサノオが世のため人のために巨大怪獣と闘ったウルトラマンだと思い込んでいたのだがそうではなかった。スサノオは、成功報酬としていたいけな娘をくれ！　と英雄とは程遠い要求をするのである。阿礼師匠もその弟子筋である竹千代の語りも面白いぞ！　とかく「レガシー」等と巧妙に名義変更された美談ずくめの昨今の「シン・物語キャンペーン」とは大違いだ。天上の高天原、人間も暮らす地上、そして死者の黄泉の国。三つの世界でダイナミックに展開する物語は、強引さのサファリパークであった。

私は物語と現実のきしみ合いの中に人間特有の喜びや悲しみが存在すると考え、「トーキングブルース」というライブの中で時代の語り部を目指している。（ここは宣伝ね）

そんな私からすれば日本の壮大にして奇妙な神話をカジュアルな口調で仕立てあげ、現代の我々の所業と合わせ鏡にしてくれた本書を賛美したい。

追伸

古事記は「ふることふみ」とも言われる。

「ふることふみ」と言えば「古舘の事の文」と間違えることもできる。つまり古事記は古舘伊知郎という人間の存在を肯定した預言の書でもあるのだ。

これは強引な自己宣伝か？

その辺の見解をキッチンに聞いてみたくなった。

――フリーアナウンサー

この作品は二〇一九年十一月小社より刊行されたものです。

# 落語《らくご》DE古事記《こじき》

桂竹千代《かつらたけちよ》

令和4年9月10日　初版発行

発行人――石原正康
編集人――高部真人
発行所――株式会社幻冬舎
〒151-0051東京都渋谷区千駄ヶ谷4-9-7
電話　03(5411)6222(営業)
　　　03(5411)6211(編集)
公式HP　https://www.gentosha.co.jp/

印刷・製本―図書印刷株式会社
装丁者――高橋雅之



幻冬舎文庫

ISBN978-4-344-43227-7　C0195　か-55-1